Alexis Valdés nació en La Habana, Cuba, en 1963. Es un artista polifacético con casi cuarenta años de carrera que se ha destacado como actor, comediante, presentador, escritor de teatro, guionista de cine y director de cine y teatro. Además, es músico, cantante, compositor y productor musical, nominado tres veces al premio Grammy Latino. Tras una destacada carrera en su Cuba natal y en España, donde fue una de las figuras más importantes del boom del *stand up* en español, se radicó en Miami en 2005. Ha cosechado éxitos con sus obras de teatro, entre las que se destaca *Oficialmente gay*, que estuvo cinco años en cartelera. Ha producido y conducido programas de televisión como *Seguro que yes*, *Esta noche tonight* y *El show de Alexis Valdés*. Dedicado también a la poesía, su conocido poema "Esperanza" fue incluido en el libro del Papa Francisco *Soñemos juntos* (Simon & Schuster, 2020). En 2021 inició su *crossover* al mercado en inglés, participando en la serie de HBO *White House Plumbers*, que se estrenará en 2022.

⬡ ⬤ 🐦 @alexisvaldes
▶ Alexis Valdés Real

# EL MIEDO NOS HIZO FUERTES

# EL MIEDO NOS HIZO FUERTES

## ALEXIS VALDÉS

VINTAGE ESPAÑOL

Penguin
Random House
Grupo Editorial

Primera edición: marzo de 2022

Copyright © 2022, Alexis Valdés
Copyright © 2022, Penguin Random House Grupo Editorial USA, LLC
8950 SW 74th Court, Suite 2010
Miami, FL 33156

Publicado por Vintage Español,
una división de Penguin Random House Grupo Editorial USA, LLC.
Todos los derechos reservados.

Impreso en México / *Printed in Mexico*

ISBN: 978-1-64473-536-7

22 23 24 25 26   10 9 8 7 6 5 4 3 2 1

*A mi madre, que sufrió tanto o más que yo,*
*y por mucho más tiempo.*
*A mi hermano, que fue mi cómplice.*
*A mi abuela, América, y a mi padre, Leonel Valdés,*
*que me mostraron el camino a la alegría.*

# Prólogo

Mi niñez estuvo marcada por dos acontecimientos. El primero, el que signó mi niñez y toda mi vida, ocurrió poco antes de mi nacimiento: el triunfo de la Revolución cubana. Yo soy de la primera generación de la Revolución, lo que se llama la generación del experimento. Quizás fuimos la generación que más se ilusionó y que más sufrió en los últimos sesenta años de la historia de Cuba. Yo la llamo la generación del *bullying*.

El segundo acontecimiento fue el divorcio de mis padres. Si mis padres no se hubieran divorciado, mucho de lo que me pasó no hubiera sucedido y yo no estaría escribiendo este libro.

Desde que tengo uso de razón, recuerdo ser el hijo de unos padres divorciados. Nunca vi a mis padres juntos, amorosos y sonrientes como los padres de los otros chicos. Y esto era algo que me hacía sentir desdichado, como en desventaja con respecto a ellos. A veces soñaba que volvía en el tiempo y los reconciliaba, y en ese momento era muy feliz. Ellos dos, mi hermano y yo. Felices. Sin la presencia de aquel señor, el innombrable. Pero eso no ocurrió hasta que tuve más de cuarenta años y los pude reunir bajo un mismo techo. Entonces, los vi sonreír, y su trato, si no amoroso, al menos fue afectuoso. Para llegar hasta ese momento, tuvieron que pasar muchos acontecimientos en mi vida que provocaron innumerables llantos, muchas peleas y mucho dolor. Son hechos que ahora cuento, seguramente, para sacármelos del corazón y para abrir un diálogo en mi familia. Porque de lo que pasó en aquellos años nunca hemos hablado, como si fuera un tabú. Pero a todos nos quema por dentro porque todos lo sufrimos en silencio. ¿Quién sufrió más? No lo sé. Yo solo sé que yo era un niño.

Esta es mi historia.

# 1

Le acercó el cuchillo lentamente a la espalda. Aquel diminuto ser ni siquiera se movió. La bebé respiraba tranquilamente en la cuna, su cuerpecito subía y bajaba acompasadamente, ajena al peligro que podría acabar con su vida. Ella lo miró horrorizada. Él, tranquilo, le dijo: "Si me dejas, la mato". Yo lo observaba todo por la rendija de la puerta, con un miedo inmenso a ser descubierto porque sabía que lo pagaría bien caro. Pero no podía dejar de mirar aquella escena. Él repitió con seguridad su advertencia: "La mato", y le acercó aún más el cuchillo, hasta que la punta tocó el centro de la espalda.

Habían tenido una discusión muy acalorada. La más violenta que habían tenido nunca, o, por lo menos, que yo hubiera visto. Ella había descubierto que él la engañaba con otra mujer. Una mulatona achinada, con pequitas en las mejillas y una risa estentórea y putona, que trabajaba de secretaria en el taller. Yo lo sabía porque alguna vez que había ido con él, yo veía como él le decía piropos, a veces obscenos, de gente ruda y baja, a los que ella respondía con una sonrisa. Él le decía: "Dame el juego de llaves Allen". Y la mulatona le preguntaba para qué las quería. Él le respondía: "Voy a arreglar el motor del Bertlier". "Tú no puedes con eso, es mucho motor para ti", sostenía ella con una sonrisa picarona. "Puedo más de lo que tú te imaginas. Un día te voy a poner tu motor a tres mil revoluciones. Te voy a poner la presión de aceite a punto de reventar", le respondía él y me miraba como diciendo: "Ves lo macho que soy; ves como manejo a las mujeres". Y parece que mi madre revisando los bolsillos de su pantalón había visto un papelito que aquella mulatona le entregó a él, y se había armado el lío.

Mi madre le dijo que se tenía que ir de la casa. Nunca le había visto hablarle así. Y tampoco hubiera imaginado que él, que era capaz de caerle a golpes a cualquiera por el más mínimo desacuerdo, hubiera preparado obedientemente la maletica de madera: una ridícula maletica de color azul claro, que él me había hecho para la primera vez que yo fui a la escuela al campo. Derrotado le metió un poco de ropa, la cerró y salió de la casa.

Yo lo vi por la ventana de la casa cruzar la calle, doblar a la derecha en la tienda de la esquina. Salí detrás de él, lo vi subir la loma, lo seguí discretamente, con mucho miedo, pero con una alegría que no me cabía en el pecho. Me iba a librar de aquel monstruo. Mi madre se "había puesto los pantalones" y sacaba de la casa a aquel hijo de puta, abusador y torturador. Yo sentía una sensación muy rara, porque al mismo tiempo que me alegraba, al verle alejarse con ese caminar estúpido y esa ridícula maletica azul, sentía pena por él. Sí, pena, por un cabrón que nos maltrataba y nos jodía la vida día tras día. Pero verlo caminar vencido me dio pena. A esa compasión por el maltratador le llaman Síndrome de Estocolmo.

Llegó a la parada y se puso a esperar la guagua*. Encendió un cigarrillo. Casi anochecía y solo se veía su silueta y la punta del cigarrillo enrojecida. Yo me quedé esperando detrás de una mata de almendras. La guagua tardaba en llegar, como siempre. Y yo le pedía a Dios, o no sé a quién, porque no creíamos en Dios, que llegara ya y que lo desapareciera para siempre de mi vida. Que nos dejara en paz. Y yo poder abrazar a mi mamá, darle cariño, cuidarla, protegerla. Decirle cuánto le agradecía lo que había hecho por nosotros ese día. Pero la guagua tardaba y tardaba. Fatídicamente sentía que el tiempo se estiraba como un elástico y no pasaba, como si jugara en mi contra.

Hubo un momento en que lo vi levantarse. Cogió la maleta y emprendió el camino de regreso a la casa. No lo podía creer. Y volvía decidido, con una resolución que daba miedo. Cuando él iba a medio camino vi la guagua doblar en la calle de abajo y subir hacia nosotros por la calle Rivera. La guagua pasó el Seccional del Comité de Defensa de la Revolución (CDR) que hacía esquina con la calle Lincoln, pasó la tienda La Alegría, y le pasó a él por al lado. Él ni la miró. Siguió caminando hacia la casa. Yo recé o pedí que se diera la vuelta: "coge la guagua por favor",

---

* En Cuba, autobús. (N. del A.)

"vete de una vez"; pero no, siguió caminando hacia la casa con esa seguridad de quien ha encontrado el modo de ganar una partida. Entonces supe que todo estaba perdido. Y la ilusión más grande de mi niñez se me escapó, como se iba la poca agua de nuestra ducha por el tragante.

## 2

Entré en la casa rápidamente, me metí en la cama y me tapé con la sábana de pies a cabeza como si así desapareciera del mundo. Me hubiera gustado que en ese momento un terremoto abriera la tierra y nos tragara. Me daba menos miedo eso que lo que pudiera ocurrir allí, después de la llegada de él.

Abrió la puerta de la casa. Entró resuelto. Pasó junto a mi cama y el roce de su ropa electrizó la sábana. Siguió hacia el fondo. Mi madre dijo: "¿Qué haces aquí? ¿No te habías ido?". Lo dijo como una exigencia, pero con una lágrima en la voz. Él no contestó, siguió caminando hacia la cocina como un psicópata que cree tener una misión divina.

Yo me levanté temblando y volví a mi punto de observación, muerto de miedo. El corazón se me salía por los ojos. Cuando él entró en la cocina, ella le dijo: "No entiendes que ya no puedes vivir en esta casa".

Ahí fue donde cogió el cuchillo, el más grande, el que llamaban "matavaca". Y se dio media vuelta. Ella se quedó inmóvil y yo también. ¿Qué pasaría a partir de ahora? Nada bueno. Él caminó decidido. Era evidente que tenía un plan, no estaba improvisando. Lo había ideado mientras esperaba la guagua.

Entró en la habitación de la bebé, fue hasta la cuna, levantó el cuchillo, ella ahogó un grito: "Nooo". Él detuvo el cuchillo a un pie del cuerpecito de la bebé y dijo tranquilamente: "Si me dejas, la mato".

Ella lo miró horrorizada y él repitió: "La mato". Ella empezó a llorar. Yo, también. Él acercaba el cuchillo al cuerpo de la bebé. Ella decía: "No por favor, es tu hija", mientras que él solo seguía bajando el cuchillo hasta que la punta tocó el pequeño cuerpo. Y dijo: "La mato". Ella lo miró, y después que detuvo su mirada en la bebé quiso moverse, pero estaba pegada al suelo. Yo me moría de miedo. Pensé que nos mataría a todos. Mi madre finalmente dijo:

"Quédate".

### 3

¿De verdad aquel hombre pensaba hacerle daño a aquella bebé? No lo creo. Él amaba a la bebé. Era su hija. Yo no. Quizás era solo un alarde.

Yo sabía que él era un chantajista, un pillo callejero. Le vi muchas veces hacer alardes y bravuconadas. Lo vi dárselas de macho y cuando la cosa se ponía mala escabullirse como una rata. Puede que mi madre tampoco le creyera al ciento por ciento el "farol", pero el riesgo era demasiado grande. Él había jugado una carta muy fuerte y había que tener muchos huevos para jugar por encima de él.

Por otro lado, hoy lo entiendo. Se la jugó a todo o nada porque no tenía nada más. Cuando conoció a mi madre, según contaba mi abuela, no tenía casa, ni familia, ni dientes.

Aquel hombre venía de una pobreza extrema, de un mundo muy marginal. Alguna vez fuimos a visitar a sus hijos mayores, que vivían con su madre en una especie de barrio con campo, en las afueras de La Habana, en lo peor de La Habana. Calles llenas de baches, sin aceras, con una zanja de orine y mierda que pasaba por la entrada de la casa y frente a esta un monte desordenado donde podías encontrar árboles de cualquier tipo. Una pobreza extraña en aquel tiempo en Cuba. Al menos para mí.

Ahí había vivido aquel hombre. Con aquella mujer negra, mayor que él. Una mujer amarga. Una mujer cansada, sin sonrisa. Una mujer que parecía haber sufrido mucho y haber peleado mucho. Una casa triste y miserable, pero seguramente la primera casa donde a ese hombre le habían dado amor.

De ahí habría tenido que salir huyendo. No sé cómo logró irse, porque aquella mujer parecía capaz de matar a un hombre. ¿Cómo logró que no lo matara cuando se enteró de que tenía otra mujer? ¿Y una blanca? ¡Una blanca! Debió reventársele el corazón. No sé cómo no lo mató.

Esa mujer parecía no tener emociones. Era como una sombra. Yo le tenía terror por más que se empeñara en parecer amable. Esa mujer le habría quitado el cuchillo de la mano y se lo hubiera metido en el estómago, y él ni siquiera hubiera tenido huevos de sacarle el cuchillo. Por eso tuvo que irse de ahí. Esa casa no era un buen nido para un cobarde con careta de macho. Seguramente habría tenido que vagar por ahí y dormir en la calle o en el taller. Hasta que convenció a mi madre de venir a nuestra casa. Muy bien no le había ido, porque cuando llegó a mi casa era un pobre diablo asustado buscando protección, algo que disimulaba haciéndose el macho.

Y aquel tipo tuvo suerte. Se encontró a la mujer más noble, más necesitada de afecto, más frágil. Se encontró a una mujer recién divorciada. Despechada. Abandonada. Necesitada de un abrazo. Necesitada de un hombre que le ayudara a criar dos niños. Un hombre que le dijera una frase bonita. Un piropo. Y supongo que él lo hizo bien al principio.

Tampoco tenía que hacerlo demasiado bien. El terreno estaba abonado. Habían sido años muy duros para mi madre, con dos hijos pequeños y enfermizos y un marido cada vez más ausente de la casa familiar en el afán de realizar sus sueños.

## 4

Supongo que mi madre fue feliz con mi padre algún tiempo. Uno o dos años, tal vez. Se había casado con él un poco por amor, y otro por huir de la casa de la hermana mala. La hermanastra que le decía: "No puedes salir, tienes que limpiar la casa porque aquí tú eres la esclava". Casarse fue una manera de huir, pero era joven e inexperta. Quedó embarazada al poco tiempo del enlace. Y se vio con un niño con una salud frágil y un marido travieso. Imagino su desesperación.

Fue todo muy rápido y tormentoso para ella. Mi hermano pasó un año en hospitales por el asma, y yo nací muy poco después. Tres años más tarde mi padre se fue de la casa. Mi madre se debe haber quedado perdida, como quien regresa de un sueño y se da cuenta de que la realidad es otra, y no sabe cómo enfrentarla.

Y ahí apareció el otro: el que venía del submundo, el hombre marcado por la tragedia, el que menos le convenía. Y la enamoró, o la sedujo, o la embrujó. O, simplemente, le dio un abrazo y le dijo algo que le dio esperanzas. Y contra todos los consejos —"ese hombre no es para ti", "tú puedes elegir algo mejor"— mi madre se casó con él. Y le dio una casa decente, con luz, agua, y comida… Y con palabras que él no conocía. Ella no le juzgó por su apariencia o sus orígenes. Ella se propuso amarlo y que, a cambio, él la amara y amara a sus hijos. Seguramente ella creyó que lo cambiaría, que con educación y amor haría de él una mejor versión de sí mismo. Pero nadie cambia a nadie. Aquel hombre era lo que era: una mala persona, un tipo sin piedad.

Mi madre era su redención, su tesoro, pero él era tan bruto que no sabía cuidarlo. Él no sabía lo que era el amor. No lo había tenido nunca. Su madre murió muy joven. Su padre lo abandonó. Sus hermanos lo odiaban porque era el más blanco en una casa de negros. Y le pegaban, lo maltrataban. Él me lo contó. Y quizás por eso tenía que vengarse con el mundo. Conmigo.

## 5

Su madre había sido una negra lavandera de un barrio del puerto de La Habana. De su padre —un hombre del que nunca supimos mucho— decía que era un polaco que había llegado a Cuba en un barco. En la isla, por esa época, le llamaban "polacos" a los árabes judíos e incluso a los polacos. Así que sabe Dios quién era su padre y de dónde había venido. Probablemente era un judío polaco, porque él decía que se llamaba Bazac.

Solo quedaba claro que había sido un hombre blanco pues se veía en la herencia que había dejado en su piel y en sus ojos verdes. Por eso le odiaban los mismos que le criaron, porque él era la evidencia de la ligereza de su madre. ¡Y con un blanco! Cuba siempre fue un país racista. Tan racista, que contaba mi abuela que en sus años mozos hubo un juicio muy sonado en La Habana de un hombre que acusó a otro de haberle llamado "negro".

El acusador era lo que se decía en Cuba un mulato blanconazo. Es decir, un tipo de piel clara y pelo rizado. Pues al parecer el acusado, el negro, en una barbería del puerto le había llamado "negro". Y el mulato fue directamente al juzgado y le acusó de ofensa pública.

El juicio fue un escándalo y también un espectáculo. La gente iba a reírse. Y más se rieron con la declaración del acusado. Estaba el acusador, el supuesto blanco, con su traje nuevo, sus zapatos de dos tonos y su pelo planchado, esperando una reparación, un castigo, al atrevimiento del negro. Pero el negro era hábil como los negritos del teatro bufo cubano, que sabían soltar una pulla sin que se notara mucho. Y cuando el juez le preguntó al negro: ¿Por qué usted llamó "negro" a este señor decente?, el negro respondió: "Verá usted, señor juez, perdone mi ignorancia, lo que sucede es que yo había visto negro con pelo bueno, pero blancos con pelo malo[*], nunca". Y ahí todo el mundo se rio, y el negro salió absuelto y el "blanco" más ofendido aún.

Y esa Cuba blanca racista con los negros también tenía, por equilibrio, una Cuba negra racista con los blancos. Y más racista aun con los que parecían blancos o se hacían pasar por blancos. Y esa fue la que sufrió aquel hombre.

Su hermano mayor le daba palizas sin razón ni motivo, solo por parecer blanco. Él me lo contó. Y yo veía en sus ojos que le había tenido mucho miedo, y que jamás se le había rebelado a aquel hermano abusador. Seguro un día no soportó más y se fue de la casa. Como un día hice yo. Solo que yo tenía adonde ir, pero él, supongo que no. Él se encontró aquella negra mayor que él, que habrá sido mujer y madre, y ella se lo llevó a aquella casa del río de donde años más tarde escapó para encontrar refugio en nuestra casa. Nuestra

---

[*] En Cuba, pelo malo es una expresión racista para referirse al pelo rizado. (N. del A.)

casa, que él había convertido en un infierno porque era lo que había aprendido en su vida. Abusar o ser abusado. Ser yunque o martillo. Golpear o ser golpeado. Y como ahora le tocaba ser martillo iba a golpear sin contemplaciones por todas las veces que le había tocado ser yunque. Y por eso nos golpeaba a mi hermano y a mí, sin piedad, como había hecho su hermano con él. Ese viejo dolor lo vengaba en cada cintazo que nos daba. Tenía derecho a hacerlo. Estábamos en su dominio, éramos suyos, de su propiedad. Como esa bebé a la que amenazaba con el cuchillo mientras decía "la mato".

## 6

Pero en esa casa también hubo momentos de alegría y felicidad. Aunque no sé por cuánto tiempo. Fue una época donde hubo amigos y artistas y mucha gente, y cuentos y cantos y carcajadas. Porque esa casa también había sido la casa de mi padre.

A esa casita de la calle Lincoln fueron a vivir mis padres cuando mi hermano mayor era pequeñito. Antes habían vivido en un apartamento en el Cerro, más cerca del centro de La Habana, pero mi hermano era asmático y cerca de ese apartamento estaba la fábrica de detergente. Un día a mi hermano le dio un ataque de asma tan fuerte que mi madre pensó que se moría, y nunca más quiso quedarse con el niño en esa casa. Al principio, vivieron en casa de mi abuela, y después allí mismo consiguieron una casita, en aquel barrio que estaba más alejado del centro, pero muy cerca de mi abuela.

Mi hermano había nacido en 1962, el año de la Crisis de los Misiles o la Crisis de Octubre. El momento en que el mundo estuvo más cerca de la catástrofe atómica.

Fue algo más o menos así: los americanos habían llevado misiles nucleares a sus bases de Italia y Turquía, y los rusos, en respuesta, le propusieron a Fidel Castro, quien se puso muy contento con la idea, instalar misiles nucleares en Cuba.

La inteligencia americana hizo unas fotos desde aviones de reconocimiento U2 que mostraban que, en el occidente de Cuba, en la provincia de Pinar del Río, había unos objetos muy raros en una zona militar, hasta que cayeron en cuenta que eran misiles nucleares y se desató la guerra diplomática. También estuvo a punto de comenzar la guerra no diplomática: la tercera guerra mundial.

Pues mientras el mundo estaba al borde de una catástrofe atómica, mi madre corría con mi hermano de seis meses al hospital con otro ataque de asma. Imagino a mi madre corriendo desesperada con aquel chico al que se le hundía el pecho y se le botaban las clavículas. Aquel niño bonito y trágico que no lograba hacer entrar el aire en sus pequeños pulmones porque el moco le inundaba los bronquios, y el poco aire que entraba a presión pitaba como una olla. El mundo se acababa y a mi madre se le acababa el mundo.

Kennedy y Jrushchov se pelearon por teléfono y uno le dijo al otro: "Nos vemos en el infierno". Entonces, los americanos decretaron un bloqueo naval a Cuba, pero algunos barcos rusos ya estaban en camino y la tensión creció y creció. Un avión americano disparó a un buque ruso, y el buque ruso estuvo a punto de lanzar un torpedo a un submarino americano, lo que hubiera dado inicio a la guerra más letal que hubiera conocido la humanidad. Se calculaba que la tercera parte de la población mundial iba a morir.

Mientras, mi madre entraba corriendo desesperada por la puerta de emergencias del hospital Aballí hacia una puerta que quedaba muy al fondo. "Apúrese, por favor, que se me muere". Quizás los llevó Reynaldo en su carro, el vecino que vivía en la esquina de nuestra casa. Mi padre seguramente no estaba en la casa. Era probable que estuviera en un estudio de televisión grabando un capítulo de *Juventud en peligro*, donde al fin había conseguido un personaje de un solo capítulo. Y mi madre corriendo con aquel niño pequeño que no lograba inspirar el aire que le pertenecía en el mundo, sola y desesperada.

Por un milagro, el capitán de aquel buque ruso no disparó. Kennedy y Jrushchov llegarían a un acuerdo: ambos países tendrían que sacar los misiles nucleares de Turquía, Italia y Cuba. Fidel Castro se puso muy molesto porque pensó que no habían tenido en cuenta la opinión del gobierno cubano y dijo: "No tenemos misiles nucleares, pero tenemos misiles morales". Creo que él hubiera preferido la tercera guerra mundial a tener que entregar los misiles, pero Kennedy y Jrushchov demostraron que no estaban locos. Y el mundo respiró aquel día.

Mi hermano también respiró después de varios aerosoles y una inyección de aminofilina. Y mi madre respiró también. Y mi padre llegó al hospital corriendo, tarde como siempre fue su costumbre, como un terremoto, preguntando qué había pasado. "Tranquilo, ya está bien. Está en la sala, durmiendo", le habría dicho mi madre. Y seguramente lo miró triste y cansada con un reproche en sus ojos: "Tú no estabas para ayudarme".

## 7

Yo nací un año después, en agosto de 1963. Nací gordo y me puse aún más gordo, por eso me apodaron El Gordi. Los primeros dos meses de vida no paré de llorar, y mi madre que estaba extenuada de no poder dormir se quedó sin leche. Quizás por eso yo era muy enfermizo. En ese momento, la relación de mis padres iba cada vez peor. Ya no había ilusión. Casi no tenemos fotos de esa época.

La separación de mis padres nunca estuvo clara para mí. Se contaban historias en la familia. Incluso una muy cruel que me contó una de mis tías. Mi padre estaba escribiendo y mi madre le preguntó qué escribía. Mi padre le dijo que una carta de amor. "¿Para mí?", preguntó mi madre. "No, para otra", respondió él.

No sé, pero me parece demasiado cruel que mi padre haya dicho eso. Creo que es una leyenda negra familiar. Es cierto que mi padre era un poco irresponsable, pero nunca fue malo.

## 8

Mi padre se fue de mi casa en el año 1966 porque se había enamorado de Ada, una mujer hermosa de casi seis pies de estatura. Tan espectacularmente bella que mi padre sin miedo al ridículo le llamaba Paisaje. Hay que tener huevos para decirle así a tu pareja delante de los demás. Pero mi padre era así. Con ese vozarrón la llamaba "Paisaje", y ella le respondía: "Dime, Leo".

Ada había sido primer lucero, casi estrella del carnaval de La Habana de 1958, un año antes del triunfo de la Revolución. Era una mujer muy noble y generosa que siempre nos trató a mi hermano y a mí con mucho cariño. En el año 1968, ellos tuvieron un hijo al que llamaron Leonel, como mi padre. Ada se encargó de que los hermanos nos viéramos con frecuencia y que nos sintiéramos como tal. Pero en mi casa la odiaban a muerte. No podía ni mencionar su nombre.

Al parecer —a pesar de ser Ada una mujer hermosa y encantadora—, vivir con ella no era fácil, porque cuando se divorciaron en 1978, mi padre con ese sarcasmo que tenía le dijo: "Adita, yo he cumplido contigo lo que le echan a un hombre por matar a otro: diez años". Pero siguieron siendo amigos.

Ada se casó en segundas nupcias con un personaje: el comandante Agustín Díaz Cartaya, quien fuera
el compositor del himno de la Revolución y quizás el
tipo con más "huevos" de toda la Revolución, lo que
motivaba que Fidel Castro y él chocaran, y por eso
lo tenían apartado. Porque él sí no se callaba y no le
aguantaba gritos ni cojones a nadie. Una vez vino a
visitarlo uno de los hombres más importantes del país
y yo discretamente escuchaba las conversaciones.

"Thompson —así le llamaban—, coño, no te en-
frentes al Fidel. Tú sabes cómo es él, y el carácter que
tiene, y si te le enfrentas, te jodes. Tienes que ser más
inteligente, Thompson. El tipo te va a perdonar, pero a
cada rato tienes que bajar la cabeza. Y cuando jueguen
baloncesto, coño, no le quieras ganar. Ya sabes que no
le gusta perder. Tienes que ser inteligente, negro. Carajo, es que eres muy bruto". Y Cartaya escuchaba al
miembro del Buró Político, uno de los doce hombres
fuertes del país, que le decía: "Y cuando jueguen pelota,
lo mismo. Y si echa dos cojones a ti qué te importa. Él
es el jefe, coño, no seas bruto".

Y parece que Cartaya se cansó, y le dijo: "Me has
llamado bruto dos veces y no lo soy. Soy negro, pero
no soy bruto. Lo que pasa es que tengo una dignidad
de tres pares. Porque nunca te olvides que cuando yo
tuve los cojones de cantarle el Himno del 26 a Batista,
tú llorabas como una puta".

Y ahí mismo se acabó la posible rehabilitación política de Thompson. Y él se sentía feliz porque decía que
no quería tener nada que ver con esos pistoleros —así

era como él les llamaba a Fidel y a su gente——. Y claro, diciendo cosas como esta a voz en cuello en el portal de su casa menos lo rehabilitaban.

No obstante, era una figura histórica de la Revolución y tenía acceso, o Ada se lo buscó, a la Casa de Oficiales de las Fuerzas Armadas. Y allá nos íbamos con mi hermano menor, Leíto, mi hermano Nelson y yo a gozar todos los domingos. A disfrutar de lo que disfrutaban los generales. Generales que Cartaya no quería en su casa porque decía que le comían la carne que él compraba en el mercado negro como un delincuente más.

Cartaya era un negro grande como Fidel. Con la misma barba y el tabaco en la boca. Era Fidel en negativo. Siempre sonriendo con una risa grande como grande era él. *Ja ja ja*. Una bestia, pero una bestia noble, como Mingollo. Un padrastro así yo hubiera querido tener. Se sentía más un personaje de la cultura que un guerrillero. Había compuesto los dos himnos más importantes de la Revolución: el "Himno del 26" y "De pie, América Latina", pero lo que a él le gustaba de verdad era la música española, el flamenco y la copla; y era comiquísimo ver a aquel negrón cantar con acento andaluz: "Están clavadas dos cruces en el monte del olvido / por dos amores que han muerto que son el tuyo y el mío". Y se ponía a dar palmas y zapatear. Era un cómico. Dicen que cuando estaba preso en La Cabaña, y pasaban en la noche buscando a alguien para fusilar, él cantaba coplas a toda voz y los otros presos, muertos de miedo, se cagaban en su madre.

Tenía tantos "huevos" que su propia valentía jugó en su contra. Le había cantado a Batista en su cara el Himno del 26, y cuando liberaron a Fidel y a todo el grupo a él lo dejaron encerrado y le dieron tantos palos que lo dejaron tuberculoso e impotente. Creo que por eso lo respetaban los históricos de la Revolución, a pesar de sus desplantes al jefe.

Me hubiera gustado tener más edad para hablar más con Cartaya y que me contara más del misterio Cuba, que él sí conocía bien. La última vez que lo vi se había mudado cerca de Tropicana, y seguía en el portal de su casa fumando tabaco y despotricando de los pistoleros. Siempre fue un buen amigo de mi padre. Nunca tuvo celos de que mi padre hubiera sido el anterior esposo de Ada. Sabía que mi padre era un buen hombre.

## 9

Porque mi padre era un buenazo. Un poco loco, pero era bueno, por eso no podía imaginar siquiera que el innombrable nos maltratara, porque él nunca nos puso un dedo encima. Tampoco nosotros le decíamos nada de los abusos. Porque el innombrable nos hacía creer que, si algún día mi padre venía a reclamarle algo, le daría una brutal paliza que lo iba a humillar delante de todo el barrio y le iba a hacer pedir perdón delante de todos como un maricón, porque eso era. Y como los niños se lo creen todo, yo realmente creía que aquel hombre era una bestia, un superhombre como él decía. De hecho, como en mi infancia en Cuba los superhéroes estaban prohibidos, mis superhombres eran el innombrable y Fidel Castro. Ambos me decepcionaron.

Pero eso no lo supe hasta muchos años después cuando uno empieza a buscar la verdad. O cuando la vida emplaza a alguien a hacer lo que tantas veces ha prometido. Entonces le vi llorando delante de mi padre, pidiendo perdón, como un cobarde, lo que realmente era. Ese día me di cuenta de todo el miedo innecesario que había sentido, porque él no era capaz de hacer nada de lo que pregonaba. Él solo reproducía la actitud de macho abusador que su hermano había tenido con él.

Pero ahí, delante de mi padre, que estaba rojo de ira, que tenía una indignación que lo hacía enorme en comparación con el que se había empequeñecido delante de mis ojos, la cabeza baja, la espalda encorvada, como quien espera que le caiga algo grande desde arriba, y ese alguien era mi padre que en ese momento tenía ganas de aplastarlo como una cucaracha. Pero no podía porque estábamos en la estación de policía, y los policías le habían advertido a mi padre que no podía hacerlo. Aunque se lo merecía, dijeron. Ese día vi quién era en realidad aquel tipo: nadie.

## 10

Habíamos llegado a la estación de policía en la mañana. Ese día no fui a la escuela. Dos días atrás mi padre había ido a verme al salir de las clases. Parece que mi abuela le contó algo. El caso es que mi padre se apareció en la escuela. Me llevó a tomar un helado en el Coppelita de la Víbora, algo que para mí era una maravilla, además como mi padre conocía a todo el mundo y todo el mundo le conocía, no hacíamos cola y nos daban más helado que a los demás.

Ese día mi padre me dijo: "Dime la verdad, ¿él te pega?". Y yo le dije que a veces para no decirle casi siempre. Y mi padre me dijo: "Lo voy a matar, maricón". Yo me asusté mucho y le dije que no, porque yo pensaba que el superhombre nos iba a matar a los dos, a mi padre y a mí. Le pedí y le rogué que no se fajara con él. Entonces mi padre, muy molesto y con la cara encendida, me dijo: "Ok, vamos para la policía". Y yo, tratando de alejar el momento terrible, le pedí: "¿Puede ser mañana?". Y entonces me dijo: "Ok, vamos a mi casa".

No era la casa de mi padre, realmente. Era la casa de una tía solterona de mi padre. Él se había quedado sin casa en su segundo divorcio. Pero aquella casa me encantó. Y además con aquella tía fina, a la que tanto queríamos, que siempre tenía dulces, refrescos y pasteles. Esa tía de mi padre se había sacado la lotería —antes de la Revolución, por supuesto, pues la Revolución prohibió la lotería— y desde entonces siempre había vivido en casas bonitas con muebles preciosos. Además, ese día conocí a Claribel, la novia de mi padre, una chica encantadora de pelo encaracolado y ojos claros que me trató con mucho cariño. Todos me consentían, me mimaban, me cuidaban. Evidentemente, todos ya sabían lo que pasaba. Mi padre les habría contado.

Pasé allí dos días, por una parte, muy feliz, porque todo era lindo y alegre, y por otra, preocupado por mi madre y por aquella vida a la que yo sospechaba, no sé por qué razón, tenía que volver. Como cuando estás de vacaciones, que vives una realidad de encantamiento, pero sabes que es transitoria, que tu vida real es otra. Pero ¿qué pasaría al volver a la vida real?

Al tercer día, mi padre me levantó temprano. Desayunamos rico y me dijo "vamos". Cuando yo vi que la guagua tomó la avenida Diez de Octubre, es decir, que iba en la dirección de mi casa, me asusté. Pero la guagua siguió de largo. Le pregunté adónde íbamos. "A la estación de policía", dijo mi padre, y un miedo muy grande se apoderó de mí. "Tranquilo, lo vamos a arreglar todo", me aseguró.

Y como mi padre era un mago aquel miedo desapareció.

Llegamos a la estación de policía del barrio Capri, a la que pertenecía mi casa. Los policías nos recibieron con amabilidad y sonrisas porque a mi padre lo conocían y lo querían todos. Ellos me dijeron que me iban a tomar declaración, y el policía de la carpeta puso un folio en la máquina de escribir y comenzó a teclear.

—¿Te pega? —preguntó.

—Sí —respondí, yo.

—¿Con la mano? —volvió a preguntar.

—A veces. Otras veces con el cinto. Un perchero. Lo que encuentre.

—¡¿Con un perchero?! —preguntó furioso mi padre, que era incapaz de creerlo.

## 11

No recuerdo cuándo empezó a pegarme. Quizás tenía cuatro o cinco años. Creo que sabiamente el cerebro borra mucho de esos episodios demasiado trágicos o, al menos, los cubre con una suave pátina para hacerlos más soportables.

Recuerdo algunas palizas muy significativas, como la del perchero. Me acuerdo incluso del motivo. Rompí el mango de su serrucho. Creo que lo hice para que me quisiera.

A veces, al principio, sentía que era mi otro padre. Cuando no estaba de mala onda, cuando me llevaba a la playa o al Parque Lenin. Aunque casi siempre aguaba la fiesta con un momento de molestia. No sabía disfrutar la vida. No estaba entrenado para eso. Siempre había algo que le molestaba, o alguien. Generalmente era un hombre al que le iba a romper la cara. Siempre tenía que hacer una escena de macho. Como el día que fuimos a ver *La vida sigue igual*, la película de Julio Iglesias, por vigésima vez, porque era lo único que había en la cartelera. Estábamos peleados con los americanos y solo había películas rusas y *La vida sigue igual*. Y, por supuesto, elegimos *La vida sigue igual*.

En el cine, el hombre que estaba sentado detrás de nosotros que venía con su familia, dio un golpe en el respaldo de nuestro asiento. Quizás ni fue él, a lo mejor fue el niño que tenía en las piernas. Él se volvió de mala manera y le reclamó al hombre. El hombre, que era un tipo de cara amable y gafas de miope, le respondió. Y se armó la discusión. "Eso dímelo afuera", dijo el innombrable y salieron. Nosotros nos quedamos muy preocupados.

Al rato volvieron y él nos contó que le había dicho al hombre que se quitara las gafas antes de romperle la cara, porque le daba pena romperle los espejuelos al pobre diablo. Y después lo reventó a piñazos. Se lo dijo bajito a mi madre, pero yo lo escuché. Hoy creo que fue mentira todo lo que contó. Seguro salió y hasta le pidió perdón. Era todo un "farol". Siempre era lo mismo.

Pero el día que me pegó con el perchero, yo estaba tratando de fabricar un trompo. Lo hice porque quería jugar y también para que viera que, como él, yo era capaz de hacer algo con las herramientas. Yo quería caerle bien. A veces me llevaba a su taller y yo era su ayudante: "alcánzame tal llave", "alcánzame tal pinza", y yo trataba de hacerlo perfecto. Quería que él viera que yo podía hacer cosas de hombres fuertes, que no era un débil, como él decía de mi padre.

Aquel día, cogí el pequeño serrucho de la caja de herramientas y en la acera de la casa me puse a fabricar el trompo con un palo de escoba y una puntilla, con más fe que habilidad. Quería hacer un buen trompo, como los que tenía El Mingui, un chico del barrio un poco loquillo, al que su padre que era tornero le hacía, con las patas de una antigua mesa de caoba que habían desarmado, unos trompos maravillosos. Aquel tornero, el Cholo, también los vendía a veinte pesos, pero yo ni podía soñar con esa cifra.

Pero yo quería tener un buen trompo para poder hacer peleas; si eras capaz de partirle el trompo a otro con el tuyo, de un puyazo, eras el campeón. Yo practicaba mucho, pero mi trompo no era bueno. Era un trompito de mierda que vendía el gobierno el día de los juguetes una vez al año. Un trompito azul claro que parecía una cosa de nenas, aunque alguna vez lo había lanzado casi de esquina a esquina, aproximadamente cien metros, y el trompo había caído bailando. También lo lanzaba al aire y me caía en la mano, bailando. Solo necesitaba un gran trompo y sería el rey.

Horas y horas invertí en aquella tarea. Hasta que cansado hice algún movimiento torpe y rompí el serrucho. Traté de arreglarlo para que no se diera cuenta, porque sabía que si esto sucedía se pondría como una fiera. Lo compuse como pude y lo guardé sin decir nada en la caja de herramientas con la esperanza de que no lo notara.

Terminé mi trompo y me puse a jugar. Bailaba bastante bien para haberlo hecho sin medidas ni herramientas adecuadas. Y sobre todo tenía una gran púa. Practiqué con una tabla dándole un puyazo varias veces hasta partirla. Estaba orgulloso de mi trompo. Cuando terminé, mi madre, como siempre, me gritó: "¡Ale, ven a bañarte!", y yo jugué un poquito más al trompo. Pero al rato repitió: "¡Ale, ven a bañarte ahora!". Y había que ir.

Me metí al baño, pero ni siquiera sentía el agua fría. Mi mente solo estaba en el día siguiente, en el que volvería a jugar con mi trompo y a perfeccionar mi técnica. Yo creía que con este trompo podría ganarle a Néstor Orihuela y a Arnaldito, y quizás hasta al Mingui. Y lo había hecho yo, con mis manos. Estaba feliz.

Cuando salí del baño me asusté. Él me estaba esperando. Me dijo secamente: "Rompiste el serruchito". Yo le dije que no. Y me contestó, ya molesto: "Dime la verdad". Y yo le dije: "Bueno…, pero yo no lo rompí". Entonces me dijo: "Soy yo el que te va a romper el lomo ahora mismo". Y en ese momento empezó a tirarme manotazos, yo salté por encima de la cama, él dio la vuelta para agarrarme; como no lo lograba abrió el escaparate buscando el cinto, no lo encontró y en su frustración agarró un perchero. Me dio un percherazo por las piernas, otro por la espalda, y otro y otro, gritándome: "No huyas, que va a ser peor". Pero yo no creía que pudiera haber nada peor que un percherazo y seguía huyendo. Entonces me tiró el perchero, fuera de sí. El perchero me pasó a centímetros de la cara. Podía haberme sacado un ojo. Mi madre se atrevió y dijo: "Bueno, ya, basta ya". Él se volvió furioso y con mucho odio le dijo a mi madre: "No me quites la fuerza moral cuando estoy castigando a un niño". Luego se puso una camisa de caqui gris y se fue. Yo me quedé llorando y sintiéndome culpable de que mi madre se quedara sola.

## 12

¿Por qué mis vecinos nunca hacían nada? Ellos escuchaban todo. Los golpes, los gritos, el llanto. ¿Por qué no le decían algo? ¿Por qué no lo denunciaban a la policía? Quizás porque ellos hacían lo mismo y denunciarle sería denunciarse a sí mismos. Porque mis vecinos también les pegaban a sus hijos. Unos con menos brutalidad que otros, pero todos pegaban. O casi todos. Trato de buscar en mi memoria una casa de mi barrio donde no les pegaran a los niños y no la encuentro.

Quizás podrían decirle a él: "No tienes derecho, porque esos no son tus hijos", "Solo la sangre da derecho", "Los que les dimos la sangre somos los únicos que tenemos licencia para arrancársela del cuerpo", o alguna estupidez por el estilo. Aún hoy veo a algunos padres pegándole a los hijos, incluso en público, y me hierve la sangre.

Recuerdo un día que estaba comiendo en un restaurante de Andalucía, y vi a un padre cruzarle la cara a su hijo de una bofetada y por poco vomito la comida. Lo hizo de manera bestial y humillante, y el niño, en el cual me reconocí, no lloró, se quedó mirándole con una mirada de odio tan profunda que el padre bajó la cabeza y siguió comiendo. Yo sentí ganas de pararme y decirle a aquel hombre que era un imbécil que no tenía ningún derecho de hacer eso. Pero también pensé que no lo entendería y que se generaría una pelea. Al final elegí comportarme como un cobarde y seguir comiendo aquella comida que a partir de ese instante me supo a mierda.

Al final he encontrado la respuesta de por qué mis vecinos no habían hecho nada por mí: porque en la vida a veces nos comportamos de una manera que después nos avergüenza, miramos para otro lado, pensamos "ese no es mi problema". Pero estamos equivocados: sí es nuestro problema porque el ser humano es un animal compasivo y si perdemos la compasión perdemos gran parte de nuestra humanidad.

Pero en realidad en mi niñez yo no sabía si lo que él hacía estaba bien o mal. Yo veía que en el barrio todos los padres les pegaban a sus hijos, que era lo normal. Mi desconcierto radicaba en que él no era mi padre, y los que pegaban a sus hijos no lo hacían con esa saña. Yo sentía que aquellos que les pegaban a los hijos aun así los querían. En mi caso no estaba seguro. Porque él me pegaba con odio. Y ahora sé por qué me odiaba y lo entiendo. Él veía en mi cara la cara de mi padre. Tenía dentro de su dominio el rostro de aquel al que había querido desterrar por siempre de su vida. Su rival. Un rival inalcanzable para él. Porque él no tenía ni el talento, ni la gracia, ni la alegría, ni el arte para vivir que tenía mi padre. Y entiendo que eso le jodiera la vida, que lo viera injusto. Pensaría: "¿Por qué él y no yo, coño?". Pero así es la vida, y rebelarse contra ella no tiene sentido.

## 13

El policía levantó la cabeza.

—¿Te pegó con un perchero?

—Sí —le dije.

—Maricón. Lo voy a matar —dijo mi padre.

—Tranquilo, artista, déjanos eso a nosotros —dijo el policía.

—¿Y lo hace a menudo? —me preguntó a mí.

—Sí —respondí.

—¿Cuántas veces a la semana, dirías? —preguntó fríamente el policía.

—No sé. Tres veces, cuatro. No sé —respondí.

—Hijo de puta —murmuró mi padre y se movió incómodo.

—¿Y tú te rebelas? —preguntó el policía.

—No —contesté.

—¿Y le pega igual a tu hermano? —preguntó el policía.

—No, menos —dije.

—¿Por qué? —inquirió el policía.

—No lo sé. Quizás porque mi hermano tiene asma —respondí.

—¿Quieres vivir con tu papá?

Yo miré a mi padre, él movió la cabeza afirmando. Después miré al policía.

—Sí, pero quiero que venga mi mamá también —dije, y mi padre me miró contrariado.


Aquel día en la estación de policía me sentí extrañamente alegre. Por primera vez en la vida me sentía protegido. Sentía que no pesaba sobre mí la amenaza de una paliza de aquel señor. Además, los policías se reían con mi padre porque él era un tipo muy cómico, y como tenían que esperar a que llegara mi madre con el innombrable, se relajaron un poco. Supongo que lo tenían todo arreglado. Ellos llegarían. Le leerían mi declaración, lo acojonarían, lo pondrían contra la pared, le harían prometer que nunca más lo haría y, en caso de que se pusiera un poco *jorocón*, lo meterían preso. Pero al final me iría con mi padre. Creo que ese era el plan, porque los policías y mi padre estaban muy tranquilos.

Comimos algo. No sé si lo dieron los policías o lo buscó mi padre. Unos sándwiches muy ricos de jamón y queso, con pan caliente. Seguro los consiguió mi padre que era un buscavidas. Pasaron como cuatro o cinco horas hasta que aparecieron él y mi madre.

Él venía con unas gafas oscuras que no le había visto nunca. Unas gafas de color carey. Parecía otra persona. Y mi madre venía muy elegante. Se veía muy bonita ese día con un vestido de flores rojas y un rabo de mula. Lucía triste. Seguro le dolería la cabeza. En esos años padecía de migraña y lloraba mucho. A veces se pintaba los labios llorando. Y ese acto era tan contradictorio para mí… Yo me preguntaba ¿para qué se pone bonita para llorar? Los miré de reojo porque no soportaba la mirada de ninguno de los dos. La de él, por miedo y la de mi madre, por pena.

Después de que mi padre le dijera maricón, abusador e hijo de puta, él no respondió. Tampoco hizo lo que tanto había prometido de darle una paliza a mi padre y humillarlo delante de todos. Nada de eso. Se mostró como el ser más humano del planeta. Como una víctima. Pero mi padre estaba furioso y le decía que no le rompía la vida ahí mismo porque iría preso y un mierda como él no le iba a desgraciar la vida. Él seguía sin responder y no levantaba la cabeza. Y por detrás de las gafas yo vi que le salían lágrimas. No lo podía creer. Nunca le había visto llorar. Era otra persona. Se veía pequeño y frágil.

De pronto él hizo algo que me puso muy nervioso. Les dijo a los policías que él me quería, que pedía perdón si se había excedido, que él me cuidaba, que me llevaba al médico cuando me enfermaba, que un día había corrido conmigo hasta el hospital Aballí porque me había machucado el dedo gordo. Y en ese momento recordé que hasta me tuvieron que arrancar la uña, y que cuando me la arrancaron sin anestesia, yo di un grito tan grande que mi hermano agarró la palangana de metal de las jeringuillas y se la estampó en la cabeza al enfermero, porque yo era su hermanito menor y él me defendía. Mi hermano se ganó un buen manotazo de parte del innombrable, pero él seguía contando del día que me mordió el perro Guari, y como no estaba inyectado contra la rabia, me tuvieron que poner en el hospital veintisiete pinchazos antirrábicos en la espalda, y que él me había llevado. Seguía vendiéndose como un tipo noble, pero los policías lo miraban con desprecio. Y mi padre solo decía "eres un maricón". Los policías le pedían a mi padre que se controlara, y él lloraba y me decía "Ale" con cariño y yo no lo soportaba. No quería oírlo. Me ponía muy nervioso.

Ese día le perdí el respeto, pero no todo el miedo. Era tanto el miedo que, a pesar de todo lo que me quité, todavía me quedó una buena cantidad. Y ese día, cuando ya tenía la batalla ganada, más por mi madre que por él, fui yo quien no la rematé. Fui yo quien le tiré una soga de salvación diciéndole a los policías que retiraba la denuncia. Mi padre no lo podía creer. "Sí, retiro la denuncia", dije. Y cuando me preguntaron con quién me quería ir, se me aflojaron las piernas y dije que con mi mamá.

Volví a casa, y dejé a mi papá y a mi libertad abandonados.

Era muy pequeño. No estaba acostumbrado a ser libre ni a tomar decisiones importantes. Nunca había vivido con mi padre. Todo era una incertidumbre. Tenía aún mucho miedo. Y cuando vi a aquel "superhombre" llorando sentí un desasosiego muy grande. No podía soportarlo y no fui capaz de llegar hasta el final, lo que me costó unos años más de sufrimiento.

## 14

Volvimos a la casa en la guagua. Yo evitaba mirar a mi madre, que estaba profundamente avergonzada. Nunca había estado en una estación de policía. O al menos eso creía yo que ella sentía aquel día. Hoy, después de haber hablado con mi madre sobre lo que pasó, pienso que ella estaba avergonzada por no haber tenido el valor de denunciarlo ese día.

Se lo habíamos puesto fácil. Estábamos ante la policía, ella solo tenía que haber dicho: "Es verdad, es un abusador y nos chantajea a todos. A mí me tiene amenazada con que si lo dejo se lleva a las niñas y nunca más las veré. Cuando mi hija mayor era un bebé le puso un cuchillo en la espalda mientras dormía para que lo dejara quedarse en casa y así seguir torturándonos a todos".

Eso hubiera sido fácil ese día. Por no hacerlo tuvo que estar con él doce años más. Pero tenía miedo; y más que miedo, terror, y lo entiendo. Ella lo había visto con el cuchillo en la mano. Y si lo denunciaba ahora delante de los policías y él volvía al día siguiente, cuando estuviera sola, ¿quién la iba a defender? ¿Un niño de once años que estaba tan muerto de miedo como ella? Solo los que viven el miedo conocen su dimensión.

Llegamos a la casa. Ese día no me pegó, pues no era tan macho. Había llorado en presencia de todos en la estación de policía como una magdalena. Debía recuperar su estatus de matón. Pero ya no era fácil. Era el principio de su derrota. Pero, cuidado. Una fiera herida aún puede matar.

Cuando mi hermano regresó el sábado de la escuela Lenin, donde estaba becado, le conté lo que había pasado. Me felicitó por el valor de haber llevado a aquel hombre a la policía, pero me recriminó no haber llegado hasta el final. "Nos hubiéramos ido para casa de papi los dos". Pero él no estuvo allí en el momento decisivo, y él era el líder. Si él hubiera estado la historia hubiera sido diferente. Mi hermano no solo era el mayor, era el más gallito; él sí le plantaba cara al "macho alfa". Incluso me dijo un día: "Ven, te voy a enseñar algo", y de una esquinita de la gaveta de los calzoncillos y las medias, debajo de todo, sacó una pequeña foto de carné y me la enseñó. Era la foto de mi padre. No lo podía creer. Se había atrevido a tener una foto de mi padre. Era el pecado mayor. Si aquel hombre la descubría, lo mataba. Me dijo: "Ya me cansé. Este es mi padre, le guste a ese hombre o no". Y yo sentí alegría y miedo por él.

## 15

Mi hermano siempre había sido más valiente que yo. Creo que haberse pasado la niñez al borde de la muerte con esa asma terrible, le daba un valor extra. En la escuela Lenin le llamaban el camello porque el asma le hundía el pecho y le doblaba la espalda. Pero aun así se fajaba si hacía falta y enamoraba a cualquier chica. Era una estrella.

Nos queríamos mucho. Éramos inseparables. Eso fue obra de mi abuela, que descubrió que ahí estaba nuestra fortaleza, en estar unidos. Juntos podríamos enfrentar mejor aquel infierno. Siempre nos decía que los hermanos debían estar juntos, que en la unión estaba la fuerza. Y ella lo decía con un subtexto, con una intención disidente, de rebelión, porque aunque mi abuela tenía prohibida la entrada en mi casa, sabía lo que pasaba porque su amiga Rosita, la del CDR de mi cuadra, se lo contaba. Supongo que ella intuía que llegaría el día en que tendríamos que plantarle cara a aquel señor.

Y era mejor que fuéramos dos. Por eso no soportaba vernos pelear.

Solo en una ocasión, en mi niñez, recuerdo que mi hermano y yo tuviéramos una pelea fuerte. Todo fue porque ambos queríamos el mismo pantalón para ir a la fiesta del sábado y estuvimos a punto de irnos a las manos, pero mi abuela no lo permitió. Y por primera y única vez la escuché decir malas palabras. Soltó un ¡carajo! tan grande que nos borró la ira. Nos quedamos pasmados. No la reconocíamos. Mi abuela era el ser más dulce y tolerante del mundo, pero no iba a permitir que nos peleáramos. Qué bien, no me gustaría recordar haberme pegado con mi hermano.

Mi hermano se parecía más a mi madre que a mi padre. Era un mulatico muy claro con el pelo a veces arrubiado. Y, además, por sus calificaciones en los cursos escolares, se había ganado el acceso a la vocacional Lenin, la mejor escuela de Cuba. Era la estrella de la casa. Y aquel tipo, que conocía bien la ley de "divide y vencerás", cuando mi hermano no estaba en la casa, me decía: "Tu hermano es inteligente y tú eres bruto. Él irá a la universidad, y tú, con que seas obrero calificado, ya está".

Y yo le creía a aquel tipo.

Un día a mi escuela vinieron unos obreros de la pasteurizadora Santa Beatriz a hablar del proceso del yogur. Yo pensé que eso era ideal para mi escasa inteligencia y decidí que iba a ser obrero del yogur, y se lo conté a mi abuela. "Qué yogur ni qué ocho cuartos, usted va a ir a la universidad", me dijo indignada mi abuela. "Pero abuela, yo soy bruto", le dije. "¿Y quién carajo le dijo eso? Usted es muy inteligente", me respondió. Y ahí mismo se acabó la historia del yogur.

Entonces, decidí que yo sería científico y mi hermano, diplomático o periodista. Nunca pensé en ser actor, porque esa era la profesión de mi padre y estaba prohibida en mi casa. Además, ser actor en Cuba no era una profesión valorada. A Fidel no le gustaban los artistas. Los veía como gente floja, rara, medio inmorales. A él le gustaban los científicos, los deportistas y los cortadores de caña. En aquellos años en Cuba un médico, un ingeniero o un cortador de caña podían tener un auto nuevo mientras que un artista famoso andaba en bicicleta.

Pero desde aquel día que mi hermano me enseñó la foto de mi padre, yo vislumbré el final de la dictadura doméstica, porque estábamos juntos, conspirábamos juntos, y eso nos hacía más fuertes, como decía mi abuela. Yo amaba estar con mi hermano.

## 16

En el año 1979, cuando ya nos habíamos rebelado y decidimos irnos de la casa, mi hermano se ganó una beca para estudiar ingeniería naval en Polonia. El año que estuvo allí le extrañé tanto como a una novia del alma. Hasta me aprendí el himno de Polonia. Y todavía hoy cada vez que conozco a un polaco le canto el himno de Polonia para impresionarlo. Y sus miradas de asombro me dicen, ¿cómo carajo se sabe el himno de Polonia?

Siempre tuve una memoria de concurso. Sospecho que mi abuela decía la verdad cuando se refería a que yo no era nada bruto. Y desde allá, desde Polonia, desde Schezin, mi hermano me escribía cartas que yo devoraba. Eran años decisivos en Polonia, con Lech Walesa y el sindicato Solidaridad, y los discursos del papa Wojtyla ante un millón de polacos en Varsovia. Aquel discurso en el que les habló de perder el miedo. Aquel discurso que cambió no solo la historia de Polonia, sino también la de todos los países del bloque del este. Mi hermano vivió en Polonia el fin del comunismo, y cuando volvió era otro. Creo que ya quería irse de Cuba para siempre.

Y ahora que lo cuento, qué caprichos tiene la vida… Aquel señor era hijo de un polaco, y mi hermano se fue a estudiar a Polonia, y yo nunca he olvidado el himno polaco. Nunca había pensado en eso. La vida es un capricho con cara de caos, o como decía mi abuela: "Yo solo creo en el destino".

Pero eso fue años después, entre 1979 y 1980. Ya vivíamos con mi abuela y éramos libres. Pero cuando éramos más chicos, a principios de la década de 1970, si mi hermano no estaba en la casa, la vida perdía muchas luces. Yo trataba de desaparecer, de que el innombrable casi no me viera. Me escondía en la sala detrás del sofá y soñaba con un viaje que iba a hacer a Checoslovaquia.

Un amigo de la escuela, Camilo, me contó que había una emisora de radio checa, Radio Praga

Internacional, que tenía un concurso para sus seguidores en América Latina. Los participantes teníamos que enviar una redacción, y al niño que mejor lo hiciera lo invitaban a Checoslovaquia. Eso me dijo Camilo, porque yo no tenía ni radio. Él me dio la dirección, mi abuela me consiguió uno sellitos, algo muy difícil en Cuba, y, a escondidas, empecé a enviar cartas a Radio Praga.

La Habana, 28 de enero de 1975
"Año de la Institucionalización"

Estimados amigos de Radio Praga:

Soy un niño revolucionario cubano. Escucho siempre sus trasmisiones [mentira] que me parecen muy interesantes e instructivas. Sus programas son muy bonitos y entretenidos [qué coño sabía yo] y me gusta mucho como canta Karel Gott [era el único artista checo que conocíamos en Cuba. Se decía que era el Tom Jones checo, y que vivía en un castillo a pesar de ser comunista].

Me gustaría mucho [aquí venía el disparo] tener algún día la oportunidad de conocer su bonito país [yo no había visto ni una foto] y estrechar lazos de amistad y solidaridad [siempre se decía esta palabrería en aquellos años] con los niños checos [cómo carajo iba a ser amigo de ellos si yo no hablaba checo ni ellos español].

¡Viva la amistad entre los pueblos de Checoslovaquia y Cuba!

Revolucionariamente,
Alexis Valdés,
un niño cubano

PD: Un día como hoy nació José Martí, el Apóstol de
Cuba.

Quizás era una quimera, pero en aquel tiempo, Checoslovaquia era mi única esperanza para salir de la realidad
opresiva en que vivía. Por supuesto, el innombrable no
sabía nada de aquellas cartas. Me las hubiera roto solo
por joderme. ¿Cómo iba a ir yo a Checoslovaquia si él
no había ido ni a Santiago de Cuba?

Pasaban los días y no me respondían. Mi amigo
Camilo decía que había que escribir cada semana, que
algún día nos iban a responder. "Tienes que seguir
escribiendo", me dijo Camilo. "A lo mejor quedamos
empatados en el concurso y viajamos juntos a Checoslovaquia". "¿Te imaginas?", dije. "Tú y yo viajando
por Checoslovaquia con nuestros abrigos de colores
y los gorritos esos de frío que son tan bonitos. A lo
mejor hasta nos echamos una novia checa de esas que
tienen los cachetes muy rojos y nos quedamos a vivir
por allá".

Y yo volvía a escribir.

La Habana, 2 de febrero de 1975
"Año de la Institucionalización"

Estimados amigos de Radio Praga:

Soy otra vez Alexis Valdés, el niño revolucionario cubano.

Hace poco les escribí, pero no he recibido respuesta. Imagino que les escriben muchos niños del mundo entero [¿A Radio Praga?]. De todas maneras, si tienen tiempo me contestan y así sé que recibieron mi carta.

No les conté que estudio en la secundaria. Mi escuela se llama Rafael María de Mendive. Él fue el maestro de Martí, del quien les hablé en la primera carta. Bueno, les hablé poco. Es que Martí hizo tanto por Cuba que tendría que escribir muchas cartas para contárselos. Él luchó por la independencia de Cuba. Escribió *La Edad de Oro* para los niños del mundo, etcétera.

Espero que me respondan pronto.

¡Viva la amistad entre los pueblos de Checoslovaquia y Cuba!

Revolucionariamente,
Alexis Valdés,
un niño cubano

De mis cartas a Radio Praga no le contaba a nadie, ni a mi hermano, porque si él participaba en el concurso seguramente me ganaría. Él era el más inteligente y el que tenía más suerte. Estaba en la escuela Lenin, tenía el pelo medio rubio, tenía novias. Coño, por justicia Checoslovaquia me tocaba a mí.

Eso sí, si iba al viaje de seguro que le traería cosas muy bonitas de allá. Años más tarde, cuando él fue a Polonia me las trajo a mí. Toda la ropa se la compraba doble, una para cada uno; la mía, de otro color. *No*, ¡qué clase de hermano, caballero!

Mi hermano siempre fue mi colega. Hasta me llevaba a todas las fiestas de la escuela donde él estudiaba. No se avergonzaba de mí a pesar de yo ser chiquito y gordito. Le encantaba estar conmigo. Yo le hacía reír. Y a mí me encantaba estar con él. Me hacía sentir mayor.

## 17

Mi hermano me falló solo una vez. Yo tenía como ocho años y ese día me sentí muy mal. Incluso quise suicidarme. Pero al final él se la jugó por mí. Todo fue por un pedazo de chocolate. Como solía decir mi padre: "La miseria tiene la cara muy fea".

Era el año 1970, el famoso Año de los Diez Millones. Fidel Castro se había empecinado en que Cuba produjera diez millones de toneladas de azúcar. Un economista muy avezado en el tema le dijo que eso era imposible y Fidel lo destituyó. Al final no pasaron de ocho millones y medio de toneladas.

A esa campaña se destinaron todos los recursos del país para cumplir el sueño del Comandante. La fuerza laboral del país fue para los campos de caña. Se creaban canciones, lemas, himnos, cómics. Recuerdo que mi cómic preferido se llamaba *Los siete samuráis del 70*, evidentemente una parodia de la película japonesa de Akira Kurosawa. Los samuráis eran realmente cortadores de caña, y el protagonista, como Toshiro Mifune, tenía barba (en alusión a Fidel) y el malo se llamaba Tequita Azuquita. Una imbecilidad, pero a mí me encantaban.

Todo era azúcar y caña. En el país escaseaban hasta los alimentos de la canasta básica. Como no había puerco, ni había sidra, ni había turrones, se prohibió la celebración de las navidades, y todos los festejos se cambiaron para el mes de julio, con el pretexto de que en diciembre había zafra.

Los niños no tenían caramelos, ni pastelitos, ni galletas y, por supuesto, ni pensar en chocolate. Como estaba prohibida la venta de los pequeños vendedores callejeros, no había pirulí, ni melcocha, ni raspadura, ni durofrío, ni ninguno de aquellos dulces caseros populares cubanos. Al que se atrevía y lo pillaban vendiendo esas chucherías lo metían preso.

Pues a mi casa llegó, no sé cómo, ni de dónde, una tableta de chocolate. Fue todo un acontecimiento. Nos dieron un pedacito minúsculo a cada uno, y lo que quedó se guardó en el refrigerador. No hizo falta decir nada, mi hermano y yo sabíamos que ese chocolate era intocable, so pena de recibir una gran paliza. Esa noche yo soñé con el chocolate y con el sabor tan rico que te dejaba en la boca, y la alegría que producía en el cuerpo cuando te lo comías.

Por la mañana, cuando me levanté, se formó una tormenta: faltaba un pedacito de chocolate. "Yo no fui", dije rápidamente. "Yo tampoco", dijo mi hermano. El terror se palpaba en el aire. Hubo muchas mañanas así, pero uno no se acostumbra al miedo. El inquisidor nos abrió la boca buscando restos del delito. Revisó a mi hermano y dijo: "Tú no". Me revisó a mí y no dijo nada. Se quitó el cinto y comenzó a pegarme. Yo gritaba: "Yo no fui, yo no fui", pero él me seguía pegando. Aquel cinto impactaba en mi cuerpo produciendo una sensación de quemazón donde quiera que me tocaba. Yo lloraba y juraba que no había sido yo. Y entonces más se enfurecía y más fuerte me pegaba. Yo trataba de huir, pero me tenía acorralado en la esquina de la habitación, y todos los cintazos hacían diana en mi cuerpo. Pude haberme metido debajo de la cama. Quizás con un rápido movimiento lo hubiera logrado, pero ¿qué vendría después? Siempre había un después, un más tarde, un mañana. Estaba atrapado siempre, por eso prefería aguantar, cerrar los ojos y esperar a que terminara la tormenta.

Pero ese día estaba especialmente dolido: con la vida, con la familia, con el mundo. Porque yo no lo había hecho. Si lo hubiera hecho lo hubiera llevado mejor. Al menos habría disfrutado del chocolate. A un gustazo, un trancazo. Pero ser castigado sin culpa me partía el corazón. ¿Será así a partir de ahora? ¿Me pegará aunque no haya hecho nada? ¿Qué iba a ser mi vida? ¿Qué podía hacer para cambiarla? "Que yo no fui. Lo juro, lo juro, por favor". "Que no me jures en vano, cojones", y venga otro cintazo. Me di por vencido y esperé a que se cansara de pegarme. Al fin terminó. Estaba exhausto de pegarme. Sus ojos como los de una serpiente aún me miraban con odio.

No supe qué más pasó por un rato. Caí en un limbo. Mi mente perdió un poco el control. No sentía nada, ni dolor ni miedo. Mi mente estaba como borrosa. Mi cerebro nadaba en gelatina. Me levanté como un autómata. Fui al pequeño patiecito de lavar. Yo sabía que ahí estaba la manguera del agua. La cogí y logré pasarla por encima de la viga. La amarré bien y me di una vuelta en el cuello. Me iba a matar de una vez y les iba a dejar el cargo de conciencia. Que se jodan. Me subí en un cajón de madera y cerré los ojos. Entonces se abrió la puerta del patio: "¿Qué vas a hacer?". Era mi hermano. Me había seguido. "Me voy a matar". Recuerdo la mirada de susto de mi hermano. Su carita flaca del asma, sus ojos grandes, sus pelitos rubios. Fue un instante de silencio. Acto seguido empezó a gritar: "¡Fui yo! ¡Yo me comí el chocolate! ¡Fui yo, no fue mi hermano! ¡Fui yooooo!".

Fue un momento hermoso en medio de tanto dolor. Me estaba librando de la culpa. Esa culpa que siempre me mataba. Me quité la manguera del cuello. Me sentí un héroe que había logrado algo grande por primera vez en su vida. Mi sentí orgulloso de haber tenido los huevos de intentar matarme. Mi hermano seguía gritando: "¡Fui yo! ¡Fui yo! ¡No fue mi hermano!".

Entré en la casa muy serio y sin llorar, esperando que me pidieran disculpas o que me dieran un abrazo, o por qué no, coño, un pedazo de aquel chocolate, pero eso nunca pasó. Tampoco le pegaron a mi hermano. Me alegre por él. Fue un valiente. No merecía un castigo.

Después me dieron una explicación estúpida. Parece que aquel tipo pensó que había sido yo porque tenía una caries de color marrón en una muela.

Y ¿por qué no lo castigaban ahora a él? Mi castigo había sido injusto. Debería haber justicia, pero no era así. No la había ni en mi casa ni en el país. Porque cuando al final de la zafra se llegaron solo a ocho millones y medio de toneladas de azúcar, a Fidel tampoco nadie lo castigó ni siquiera por haber dejado al país en una profunda crisis. Ni nadie le pidió disculpas a aquel economista al que castigaron injustamente.

Creo que, de cierta manera, para los de mi generación Fidel fue una especie de padre severo, castigador, al que todos queríamos complacer. Y hay quien aún no se ha rebelado ni siquiera contra el recuerdo. Es difícil, yo lo sé. Hace falta mucho valor, y a veces no lo tenemos. Y no confiamos en el coraje que tenemos dormido en el corazón. Como me paso a mí aquella tarde en la estación de policía cuando no tuve esa valentía. Ese arrojo que te sorprende y te salva, inesperado y radiante, que te lanza a hacer lo que hubieras querido en ese momento. El valor para decir "me voy con mi padre; voy a intentar ser feliz". Porque ese día tuve en mi mano, o en mi corazón, la posibilidad de tener otra vida. Una vida quizás muy feliz, porque vivir con mi padre era como una fiesta, un poco loca pero una fiesta; y para que sea una buena fiesta, ha de ser un poco así.

## 18

Mi padre era actor, pero no uno cualquiera. Él era un actor con un gran carisma y una vis cómica descomunal; y los personajes que interpretaba en la televisión llenaban de risa a la gente.

El público lo quería y él los quería a ellos. Todos lo saludaban en la calle: "Eh, Leonel", y él le respondía a todo el mundo: "¡Eh, mi hermano! ¡Eh, mi hermana!", aunque no los conociera. Decía mi abuela que como mi padre había sido hijo único siempre estaba buscando hermanos. Los choferes detenían la guagua fuera de las paradas oficiales para montar a mi padre; y cuando se tenía que bajar de la guagua, el chofer volvía a cambiar la parada para dejar a mi padre donde él necesitaba. Y ¿si íbamos a la fábrica de tabacos? Los tabaqueros le regalaban tabacos. Y en la panadería le regalaban el pan. Y en la fábrica de perfumes le regalaban cajas llenas de fragancias. Y en la fábrica de zapatos, zapatos para toda la familia. Así era. Andar con mi padre era un espectáculo. Iba parando en cada esquina. Porque en cada esquina tenía un hermano. Se ponía trajes de colores bien chillones y caminaba erguido con aquel gran tabaco en la boca. Y si tenía auto, pues quería que fuera un auto grande y descapotable impresionante, o un Ford cola de pato color rosa. Mi padre era pura luz y *show*, y el innombrable era pura oscuridad y tragedia.

Mi padre tenía una sonrisa enorme. Al innombrable no recuerdo haberle visto reír a carcajadas en toda mi niñez. Siempre estaba serio, y andaba cabizbajo y algo echado hacia adelante como si cargara siempre un problema, una angustia. Hace poco le pregunté a mi madre dónde había conocido a ese… señor. Me dijo que en una recogida de café.

## 19

A principios de la Revolución, todos los domingos había trabajo voluntario. Tempranito aparecían en el barrio aquellos camiones cargados de gente que iba cantando, ilusionados con aquella sociedad, que prometía tantas cosas, tanto bienestar, tanta justicia, tanta esperanza.

Los voluntarios llegaban a los campos de café o de caña, y sin dejar de cantar y de sonreír se ponían a trabajar hasta el cansancio. Trabajaban con más ganas que en su trabajo diario. Era como una fiesta. Y al caer el sol volvían extenuados, sudados, con las caras tiznadas, pero con el mismo entusiasmo cantaban aquellas canciones ingenuas de los años de la ilusión: "*angó angó angó*, el chofer está bravito, *angó angó angó* hay que darle platanito" o "la gente va llegando al corte y todos los que no son vagos se ponen a coger la mocha, algunos dicen que sí, eh…".

En uno de esos domingos mi madre lo conoció. Y como siempre hacemos todos en los primeros encuentros, él seguramente se mostró como un hombre jovial, amable y seductor. Y, además, soltero. Todo era mentira. Pero mi madre se lo creyó todo. Ella era una ingenua. No tenía mundo. Había salido de su casa solo a casarse con mi padre y antes a estudiar magisterio en la Escuela Normal de Maestros de La Habana. Allí se había graduado con notas excelentes porque siempre fue muy buena estudiante y muy disciplinada.

A mi madre la crio una hija de chinos que se llamaba Ana Luisa Cha Li Chon. Su padre era cantonés. Adoraban a un santo chino llamado San Fan Kong. Muchas veces vi aquella imagen en un cuadro en la casa del barrio de Luyanó. Un santo que más que santo parecía un cómic, porque era como un dibujo, pero al que los chinos, al parecer, le tenían mucha fe.

Mi madre nunca entendió por qué a ella la había criado Ana Luisa. En realidad, su madre, mi abuela, se llamaba Josefina y su padre, mi abuelo, Gabino. Ellos eran los vecinos de al lado de la familia china. Y desde que mi mamá era muy pequeña la china se encariñó con ella y pasaba muchas horas en su casa. Todo comenzó con una epidemia de sarampión de la que se contagiaron los hermanos mayores de mi madre. Y mi madre por protección fue a parar a casa de la china.

El padre de mi madre, Gabino, era pollero. Y era un borrachín. Primero, perdió la pollería, después el carro de los pollos, y cada vez la situación económica de la familia iba a peor, hasta que decidieron mudarse a un barrio más humilde, más alejado del centro de La Habana, en una casa que tenía un patio y un espacio donde poner la pollería. Lo que mi madre nunca entendió es por qué el día que se marcharon la dejaron con los chinos. No sabe cómo lo pactaron, porque nunca se atrevió a preguntarle a su madre biológica.

Lo cierto es que la China la adoraba, pero la hija menor de la China, Nena, la odiaba, porque mi madre pasó a ser la hija menor y el ojito derecho de la China. Y la tal Nena la molestaba, diciéndole: "No puedes ir a pasear porque tienes que limpiar, porque eres la criada de esta casa".

Y mi madre sufría y callaba. Jamás le contó a la China "porque era tan buena con ella que no quería hacerla sufrir" y se tragó la humillación. Este fue un comportamiento que mi madre repitió varias veces en la vida y que aún hoy le pesa: soportar el maltrato por miedo a crear un mal mayor. Y ese abuso infantil de la falsa hermana, fatalmente la preparó para soportar el abuso del otro, años más tarde. Pobre mujer, ni siquiera puedo imaginar su tristeza de todos esos años. Hace poco me contaba que varias veces pensó en quitarse la vida.

## 20

Uno de los días más dolorosos de mi niñez fue cuando me hice una herida grande en el muslo que pensé que moriría. Aquel día, él no debió haberme pegado. Aquel día no. Era una crueldad. Yo siempre había visto que cuando los niños pasaban un gran susto, por peligroso que fuera, los padres los abrazaban fuerte y les daban mucho cariño. Al final era la alegría de saber que estaban vivos. Eso esperé para mí aquel día.

Me encantaban las palomas, por aquellos años eran mi pasión más que los trompos o las bolas, pero sabía que no podía ni soñar con la idea de que me compraran una. Me gustaban tanto que le dije a mi vecino Fernando, el que tenía un ring de boxeo ilegal en el patio, que le limpiaría día a día su palomar si me regalaba una paloma. Y le pareció un buen trato.

Yo estaba en octavo grado y tenía doce años. Y como las clases eran en la tarde, tenía las mañanas libres. Era genial porque a esas horas no había nadie en mi casa. Mi madre y mi hermanita estaban en la escuela; el innombrable, en el taller; y mi hermano, en su beca. Yo era el dueño de la casa.

Algunas de esas mañanas yo le limpiaba el palomar a Fernando. Era un trabajo duro y asqueroso porque las heces de las palomas son una mezcla babosa de mierda y ácido que se pega al suelo, y cuando se seca y lo remueves suelta un polvillo pestilente que se te mete por la nariz. Tenía que dar mucha espátula durante un par de horas y después tirar mucha agua. Pero como amaba a las palomas lo llevaba bien.

A los quince días, Fernando cumplió su palabra y me regaló una paloma mensajera. Me puse tan feliz como creo que no había estado nunca en la vida. La miraba y volvía a mirar mientras la acariciaba. Yo no me lo podía creer. Me regaló además un cajoncito con una puertecita al que llamaban "reproductor" donde podía tener a mi paloma. Y como sabía que dentro de mi casa no me la dejarían tener pues la puse en el techo.

Entonces, me levantaba bien temprano loco por verla y trepaba hasta el techo. Lo hacía en tres movimientos: un pie en el muro, otro en la escalera de Fernando y con el tercer movimiento franqueaba el vacío de la escalera de Fernando a mi casa y ya estaba en mi techo. Era un vikingo. Abría el reproductor y cogía mi palomita, la abrazaba, le daba besos, y, aunque tuviera agua y comida, le ponía más.

Después saltaba al techo de Fernando y limpiaba el palomar. Al final saltaba a mi techo. Estaba un rato con mi paloma. Y para volver, saltaba a la escalera, de la escalera al muro y del muro al suelo. Todo lo hacía con una precisión y agilidad casi circense.

Cuando la paloma ya estuvo adaptada a mi techo la pude soltar para que volara. Lo hice con el corazón en la boca y muerto de miedo de que no regresara. Fue un acto de fe. Voló en círculos cada vez más amplios y más altos. A veces la perdía de vista y me asustaba, pero después volvía como una flecha. Las palomas mensajeras no son las más bonitas, pero sí las que más lejos vuelan y mejor se orientan. Había palomeros del barrio que las soltaban a cientos de kilómetros y volvían a casa. No puedo imaginar siquiera cuán feliz era. Solo sé que era todo lo feliz que podía ser.

Un día pasó algo muy bello, cuando la paloma estaba en pleno vuelo, un palomo hermoso buchón la persiguió, se había enamorado de ella y la paloma lo trajo hasta mi techo. Con la ayuda de dos amiguitos del barrio logramos meterlo en la jaula. Evidentemente, era un robo, lo cual era muy frecuente entre los palomeros del barrio. "Paloma en el aire no es de nadie", decían. De hecho, con toda intención le agregaban una última pluma a la paloma hembra en la cola, esa pluma era del color de la paloma que era pareja del palomo que querían robar, y el palomo en el aire la seguía pensando que era su pareja y terminaba en tu palomar.

A mí me sucedió de casualidad, sin haber hecho la trampa, y de pronto tenía un palomo buchón negro y hermoso. Era el palomo más bello del barrio. Me enamoré de él de inmediato, aún más que de mi paloma. Y me puse más feliz cuando vi que el palomo pisaba a la paloma. El colmo de la felicidad fue cuando una semana después mi palomita puso un huevo. Era una historia perfecta.

Ahora sí que me levantaba por las mañanas como un loco, ebrio de felicidad, y subía corriendo los tres famosos pasos: muro, escalera, techo. Llegaba hasta el reproductor y miraba embobado a mi palomo buchón y a mi paloma mensajera como se turnaban calentando el huevo en el nido. Después me iba a limpiar el palomar de Fernando y, al final de la faena, regresaba a ver a mis dos tesoros con la promesa de llegar pronto a ser tres. Los mimaba, los alimentaba. Después bajaba como un bólido porque se me hacía tarde para la escuela.

Uno de aquellos días, me había pasado tanto rato con mis palomas que cuando me di cuenta ya eran casi las doce y yo tenía que estar a la una en mi escuela. Bajé a toda velocidad con mis tres pasos mágicos. Pero esta vez, con las prisas me salté el último paso y de la escalera de Fernando sin tocar el muro intenté saltar hasta el patio de mi casa. No vi que ahí estaba pegado al muro, oculto a mi vista, el maldito recogedor de aluminio. Un recogedor al que, en lugar de un palo de madera, que aquellos tiempos no se conseguían en Cuba, le habían puesto un tubo de aluminio cortado con una cizalla. El extremo superior de aquel tubo, que no habían limado, tenía tanto filo como el más afilado de los cuchillos de mi casa. Y mi muslo derecho cayó encima de aquel filoso tubo abriéndome una herida enorme en la parte trasera de mi pierna.

Caí al suelo con aquel recogedor encajado dentro de mi carne. Me lo saqué como pude y un chorro de sangre tremendo me llenó las piernas. Estaba en estado de shock, en ese momento pensé que me desangraría ahí mismo. No sé cómo pude, pero atiné a coger una toalla y ponérmela en la herida y salí a la calle a pedir auxilio. En la calle casi no había nadie porque era hora de escuela y trabajo. Solo yo en el medio de la calle con aquella toalla que cada vez se llenaba más de sangre. Tenía mucho miedo. Finalmente apareció un hombre al que llamaban Billo, que vivía en la acera de enfrente y tenía un auto antiguo: un Chevrolet 56. Me vio sangrando y gritando y cargó conmigo y me llevó a toda velocidad al Hospital Nacional.

A mí me parecía que aquel hombre me había salvado la vida. Era una sensación muy rara. Tenía miedo, pero al mismo tiempo me sentía tan importante, herido y en aquel hermoso auto cruzando La Habana a toda velocidad. Era como una película. Yo con la ventanilla bajada, aquel aire dándome en la cara y mi antebrazo apoyado en la ventana como los tipos elegantes, como mi padre.

Llegamos al hospital y entramos corriendo por la puerta de emergencia. Rápidamente me llevaron a la enfermería donde me dieron dieciséis puntos. Recuerdo el terror que pasé cuando me lavaban la herida con agua y jabón y caían algunos pedacitos de mi carne en la palangana metálica. Aun así, me porté como un valiente y no lloré. No sé cómo lo logré. Y al cabo de un rato estaba feliz porque mi vecino me llevó a tomar un helado. Yo iba cojeando a su lado para sentirme aún más importante, para que las chicas me miraran como miran las novias a los novios valientes que vuelven de la guerra.

Cuando íbamos de regreso a la casa le pedí a Billo que no dijera nada en mi casa, pero él me dijo que era imposible, que tenía que contarles a mis padres. Yo le dije que me iban a pegar, y él me dijo que era imposible que me pegaran después del susto que había pasado. Aun así, yo sabía que me iban a pegar. Supongo que me vio tan asustado que se compadeció de mí. Al llegar a mi casa le dijo al innombrable: "No le vayas a pegar, que se portó como un valiente", y me guiñó un ojo. Pero yo sabía que me iba a pegar. En cuanto Billo salió de mi casa y se cerró la puerta me morí de miedo. Sentía más miedo que cuando me desangraba. Siempre pensé que un día él perdería el control y me pegaría tanto que me mataría. Yo tenía miedo a morir, no al dolor de los golpes.

En realidad, ese día solo me dio un manotazo, pero me dolió mucho porque yo solo necesitaba cariño.

Lo que sí sentí como si me arrancaran el corazón fue cuando regaló mis palomas. Ni siquiera me dejó despedirme de ellas. No fue justo porque yo me había portado como un valiente a pesar de que en la herida me habían dado dieciséis puntos. Entonces, sí lloré. Lloré mucho. Lloré por todo lo que no había llorado por la herida.

Muchos años después yo quise volver a tener unas palomas. Supongo que eran deudas con la niñez. Y un amigo que me quiere mucho me regaló una pareja que hasta tuvieron un pichón que creció y se puso hermoso. Pero ya no sentía la misma ilusión: ya no soy el mismo. Ya no bailo trompos en la calle, ni gozo bañándome bajo el aguacero, ni puedo subir al tejado en tres saltos, como un vikingo. Ya casi ni siquiera me acuerdo del innombrable. Y si ocasionalmente le recuerdo, jamás pronuncio su nombre. Ese nombre aún produce una sensación muy extraña en mí.

## 21

Tuvo que haber un tiempo en mi niñez en que fui feliz. Aunque no pueda recordarlo porque era muy pequeño, hubo un tiempo, un año, o dos o tres, en los que mis padres estaban juntos y seguramente mi padre me cargaba y me elevaba al cielo con toda su estatura, y yo reía de susto y de alegría. Tuvo que haber unos días en que mis padres me acostaban en su cama, entre ellos, y me hacían cosquillas o carantoñas, y se sentían muy felices de que tuviéramos alegría y salud. Sé que ese tiempo existió, y aunque no lo recuerdo, ahora mismo lo imagino y me digo, no todo el tiempo fue terrible. Pero mis padres se divorciaron muy pronto, incluso antes de que yo tuviera la capacidad de recordar la felicidad.

## 22

Mis padres se conocieron en la Universidad de La Habana en el año 1960, un año después del famoso Triunfo de la Revolución (siempre con las iniciales en mayúsculas porque todo lo de la Revolución era mayúsculo, hermoso, heroico e incuestionable). La Revolución reabrió la universidad, que había estado cerrada por las luchas estudiantiles, y ofreció matrícula gratis para los que quisieran estudiar. Y mis padres, que eran maestros, se matricularon en Pedagogía.

Fueron los años de la efervescencia revolucionaria. No los viví, pero los imagino. Todos corriendo de un lado para otro, haciendo muchas cosas, con muchas ganas. Muchas banderas, muchos cantos, mucha ropa verde olivo. Durante los años de la alfabetización mis padres fueron alfabetizadores. Se fueron al campo, a las montañas, a enseñar a leer y a escribir a los campesinos.

Un día, Fidel Castro invitó a los campesinos a conocer La Habana y mi padre se apareció en casa de mi abuela con diez campesinos de la Sierra Maestra que acababa de conocer. Mi abuela le dijo: "¿Y cómo les damos de comer?". Y mi padre, que era un loco feliz, trajo un saco de muelas de cangrejo y le respondió: "Con esto". Y se viró para uno de los campesinos y le dijo: "Dame un abrazo, coño, que tú eres mi hermano". Y lo acababa de conocer. Todo era una locura, pero una locura feliz.

Para ser justos, ese momento no era feliz para todos. Lo que pasa es que los que estaban en esa borrachera de felicidad no pensaban en esos otros. No sentían compasión por esos otros o pensaban que no se la merecían. Pero al mismo tiempo había fusilamientos y encarcelamientos y gente que se iba a los Estados Unidos huyendo, y campos de concentración como las Unidades Militares de Ayuda a la Producción (UMAP). Pero esos eran los "traidores", los colaboradores de la tiranía de Batista y los débiles, los inmorales, los desviados y los maricones.

Los demás, los "buenos", estaban felices y enfrascados en la construcción de la nueva sociedad. Eran la mayoría, eran el hombre nuevo. El hombre, porque la Revolución, aunque hablaba del papel de la mujer y de la contribución de la mujer y de la mujer trabajadora, siempre fue una revolución machista. De machos.

En ese contexto se conocieron mis padres. Ellos se casaron en televisión, vestidos de milicianos porque mi padre, que también trabajó como maestro y chofer de guagua, en realidad era actor: un singular, popular y talentoso actor al que todos querían. Y eso, cuando se divorció de mi madre y llegó aquel hombre innombrable lleno de maldad y de complejos a mi casa, fue fatal para mí: porque yo tenía la misma cara de mi padre. Mi padre, aludiendo a que mis rasgos eran más refinados que los suyos, siempre bromeaba: "Sí, pero es una edición mejorada. Él es en papel biblia y yo soy en papel gaceta". Y la gente se reía. La gente siempre reía con él. Él era la alegría.

## 23

No, no todos los días de mi niñez fueron tristes. También tuve grandes sorpresas como mi reloj suizo. Una amiga de mi abuela me avisó. Tu abuela está en el seccional del CDR. Ve a verla que tiene algo para ti.

El seccional del Comité de Defensa de la Revolución estaba en la esquina, a solo dos viviendas de mi casa. Eran treinta pasos, pero aun así me la jugaba. Yo no debía ver a mi abuela. La madre de mi padre estaba vetada, pero era la persona que más feliz me hacía en el mundo. Así que me la jugué. Abrí la puerta intentando que no hiciera ruido, pero que va. Mierda de puertas que no tenían ni aceite, coño. Pero lo logré. No cerré. Salté la verja del portal como un vikingo, así me llamaría Reynaldo el Zoquete años más tarde cuando saltaba y me enganchaba de las guaguas andando: "Ten cuidado, vikingo". Llegué al seccional del Comité. Entré corriendo. Ahí estaba mi abuela con su ropa casi masculina, masculina la ropa, no ella, y sus sempiternas gafas oscuras y la mejor sonrisa de toda La Habana.

"Abuela", le dije y la abracé. Me dio un beso y me dijo Gordi... No me gustaba mucho que me dijeran

Gordi, pero a ella se lo perdonaba todo. Y me dijo: "Tu papá te manda esto". Empecé a temblar de alegría y de miedo. Era un reloj, nunca había tenido uno. Un reloj suizo marca Ultramar. Me dijo que me lo pusiera, y eso hice. Era hermoso. De pronto me lo quité. "¿Por qué te lo quitas?", me preguntó. Le expliqué que en la casa me lo quitarían. Le pedí que me lo guardara y le dije que lo usaría cuando la visitara. "¿Cuándo vas a visitarme?", me preguntó mi abuela. "En estos días me escapo", le dije sin saber cuándo sería ese día. "Te quiero abuela", le dije. "Te quiero, Ale", dijo ella.

Y otra vez a correr para mi casa, saltar como un vikingo y volver a abrir la puerta con sigilo. Y sentarme en el sofá feliz porque había visto a mi abuela y tenía un reloj. No me lo podía poner en mi casa, pero lo tenía. No pasaba nada, también tenía un traje que me mandó a hacer mi padre, muy lindo, que no me lo podía poner. Yo era feliz con poco.

Algún día usaría mi reloj y me iría a la escuela para que me lo viera puesto Rosa. Rosa Isabel Algarín se llamaba mi amor de sexto grado, qué memoria tengo, coño. Era la primera de la lista, y cada vez que la mencionaban me saltaba el estómago. Estuvo conmigo en quinto y sexto grado. Era el número uno de la lista de la belleza y de la inteligencia. Y rubia. Lo máximo. "Rosa, rosa, tan maravillosa", cantaba Sandro, el Elvis argentino. Y yo lo repetía. Y una vez hasta se la canté muriéndome de miedo. "Rosa, Rosa tan maravillosa… / Ay, Rosa dame todos tus sueños…". Rosa podría ser mi novia. Ella no me había visto lavar la ropa meada.

## 24

Los chicos y las chicas del barrio llegaron, como hacen los niños, con su bulla y su algarabía, que es mayor cuando saben que van a linchar a otro niño, no olvidemos que los niños son crueles.

Mi hermano y yo estábamos en el patiecito de lavar con unas grandes sábanas blancas, aún más grandes en nuestras manos pequeñas, tratando de, con mucha agua y el poco jabón que había, cumplir la tarea encomendada: quitarle el olor, las manchas, los restos y el recuerdo del orine. Aún nos orinábamos en la cama y ya teníamos siete y ocho años.

Aquel domingo nos despertamos encharcados en nuestro propio orine de miedo, como nos pasaba cada vez que el innombrable se ponía violento y dormíamos con tensión. Pero, claro, "la culpa era de nosotros, que éramos ya unos *tarajallúos* y no nos daba vergüenza seguir meándonos en la cama como si fuéramos bebés". Y como siempre hacen los que se creen fuertes, él tenía que darnos un escarmiento, un castigo ejemplarizante, así que esta vez no eligió la violencia física sino la psicológica.

Convocó a los muchachos del barrio a presenciar el gran espectáculo de ver cómo lavábamos las sábanas meadas, para que con esa humillación aprendiéramos la lección de que la cama no era el lugar de orinar. Pura pedagogía infantil.

Estábamos llorosos, mi hermano más que yo y más furibundo porque ya él andaba buscando novias y aquello le quitaba todas las posibilidades. Aquello era como decir que éramos maricones. Y como decían los machazos en mi barrio: "En Cuba se puede ser cualquier cosa, menos maricón y *pesao*".

Llegaron las Lledó, unas hermanas que eran como cinco, y algunas muy bonitas. Apareció Yamila, que era mi amor infantil, y por ahí andaban Néstor, Jorgito, Eduardito, Renecito y todos los muchachos con los que yo jugaba a las bolas, los trompos y los papalotes. Al principio se rieron bastante, pero después se aburrieron y se marcharon. No era muy divertido ver a unos niños pequeños lavando sábanas orinadas. Pero nosotros sí nos sentimos muy heridos en lo más profundo de nuestro orgullo, que ya no era mucho.

Él fue tan cruel que ni siquiera nos dejó terminar de lavar las sábanas. Su objetivo era que nos vieran lavando las sábanas, así que cuando los niños se marcharon a jugar, que era mucho más divertido que vernos hacer el ridículo, nos dijo: "Bueno, ya está". Y evidentemente ese domingo no tuvimos cara para ir a la esquina a jugar. Y, por supuesto, aquel escarmiento no sirvió de nada porque aún por un tiempo nos seguimos orinando en la cama.

## 25

En mi barrio había mucha violencia. Yo tendría como diez u once años cuando se mudó a mi barrio un chico muy malo, Celsito. Rápidamente se hizo con el poder de la esquina. Usó a un hombre que tenía problemas mentales al que llamaban Miguelón para amedrentar a los demás. Miguelón era inmenso e imponía, pero era noble. Se pasaba el día entero cantando en el portal. Cantaba una canción que decía: "A Yeya la del comité le llega la pinga hasta los pies". Y la del comité se molestaba y nosotros nos reíamos. Miguelón era como un niño grande y noble, pero Celsito lo volvió malo. Le daba alcohol y le decía pégale a este o al otro, y Miguelón le obedecía. Era como su Frankenstein.

Un día se acabó el alcohol y Miguelón se le enfrentó a Celsito y le pegó. Y como Celsito era malo, pero bien malo —quizás el chico de peores sentimientos que pasó por mi barrio, que tenía chicos muy malos—, aprovechó que había llovido mucho y el río se había desbordado y allá se llevó a Miguelón, prometiéndole más alcohol. Yo lo vi todo porque fuimos detrás de ellos, a cierta distancia.

Llegaron al puente del río Orengo, que era el que pasaba por nuestro barrio. Había llovido tanto que el agua pasaba por encima del puente. Un agua color marrón, que en su torrente arrastraba ramas y basura. Y Celsito le dijo: "Dale, Miguelón, tírate y nada. Si nadas bien te doy alcohol". Y Miguelón se tiró y aquellas aguas fangosas se lo tragaron. Fue muy rápido. Sacó la cabeza un par de veces buscando aire y ya no volvió a salir. Nadie denunció a Celsito. En mi barrio nadie denunciaba a nadie. El que denunciaba era "chiva" y a los "chivas" les partían el culo.

## 26

La Habana, 14 de febrero de 1975
"Año de la Institucionalización"

Queridos amigos de Radio Praga:

Es la tercera carta que les escribo y aún no he recibido respuesta de ustedes. Sé que es mucho trabajo contestarles a todos los niños del mundo, pero me gustaría que, aunque sea, me contesten un párrafo o una oración. Cuando tengan tiempo, claro.

Estos días hemos estado estudiando los astros en la escuela y he pensado que tal vez me gustaría ser cosmonauta. Supongo que eso no se estudia en Cuba que habrá que ir a la Unión Soviética.

Me gustaría mucho ir a la Unión Soviética, el país más avanzado del mundo. A veces leo la revista *Sputnik* y me gusta mucho ver los adelantos científicos que hay en la Unión Soviética. Mi hermano estudia en la escuela Lenin, que es la mejor de Cuba.

Vi en el atlas de geografía que de Checoslovaquia a la Unión Soviética es muy cerca, así que, si algún día voy a estudiar a la Unión Soviética, podré ir un momento hasta Checoslovaquia a conocerlos y saludarlos.

El único que ha viajado en mi familia es mi papá, que es actor, y estuvo en la República Democrática Alemana (RDA). Dice mi papá que es un país muy bonito y que hace mucho frío, pero que a él no le molesta el frío. Por cierto, Alemania también está muy cerca de

Checoslovaquia, así que, si me dan permiso también iría a Alemania para conocer a los amigos de mi papá.

Como hoy es el Día de los Enamorados les mando felicitaciones y no me feliciten a mí porque todavía no tengo novia.

Gracias por leer mis cartas, acuérdense de contestarme.

Revolucionariamente,
Alexis Valdés,
un niño cubano.

## 27

Estábamos en el aula y la maestra Sol dio la noticia de que habían dado un golpe de estado en Chile. Era el 11 de septiembre de 1973. Hacía un año, el gobierno nos había pedido a todos los ciudadanos del país que donáramos una libra de azúcar para el hermano pueblo de Chile, que presidía el camarada Salvador Allende. Nos tocaban seis libras por persona al mes, no entiendo por qué eran seis y no cuatro u ocho, no sé, eran esas cosas absurdas de la libreta cubana de abastecimiento o racionamiento.

Como todos "voluntariamente" donamos una libra, nos quedaron cinco. Después vino el golpe de estado de Pinochet, y ya no teníamos que mandar azúcar a Chile, pero aquella libra de azúcar jamás nos la devolvieron. Y tampoco nadie se atrevió a preguntar por ella.

Pero ese día la maestra, muy solemne, nos dio aquella noticia: "Han matado a Salvador Allende". Y todos lloramos, no sé por qué. En realidad, no sabía mucho de Allende ni de Chile, solo lo que decía la televisión y la radio: que Chile era un pueblo hermano que, como nosotros, estaba tratando de construir el socialismo.

Quizás lloramos porque nos dijeron que Allende había muerto diciendo: "Defenderé con mi sangre la responsabilidad que el pueblo me ha entregado". Y quizás pensamos que algún día nos tocaría a nosotros decir lo mismo. Éramos todos muy heroicos en esos días. Todos los días marchábamos y decíamos consignas: "Pioneros por el comunismo, seremos como el Che"; "Solo los cristales se rajan, los hombres mueren de pie"; "Quien intente apoderarse de Cuba, solo recogerá el polvo de su suelo anegado en sangre, si no perece en la lucha".

Yo tenía diez años y estaba en sexto grado, en la escuela Evidio Marín. La verdad, nunca supe quién fue Evidio Marín, supongo que algún mártir de la Revolución porque a casi todas las cosas en mi niñez les ponían nombres relacionados con la Revolución.

En esos días estaba feliz, porque como yo hablaba mucho en las clases —algo que me trajo problemas durante toda mi etapa estudiantil—, la maestra Sol, que era amiga de mi abuela, para no castigarme había decidido sentarme al lado de la niña más tranquila estudiosa y buena del aula. ¿Quién era? Rosa Isabel Algarín, mi amor platónico.

*Rosa, Rosa, tan maravillosa.*
*Ay, Rosa, dame todos tus sueños.*
*Ay, dueño de tu amor quiero ser.*
*Ay, dame de tu ayer las heridas,*
*vida junto a mí has de tener.*
*Ay, Rosa, Rosa, tan maravillosa…*

Cantaba Sandro.

Esa felicidad me duró poco, porque como yo siempre he sido un conversador nato, en lugar de estar en silencio como Rosa, Rosa se unió a mi parlanchinería. Pero los días que estuve sentado junto a Rosa, ella rozaba su rodilla desnuda contra la mía, porque ella tenía saya corta y yo pantalón corto. Esas tardes junto a Rosa, yo sentía una inquietud, un alboroto, una felicidad eléctrica que no me dejaba parar de hablar y hablar y hablar, y de tratar de hacerla reír y contarle de todo, hasta de mi posible viaje a Praga. De todo menos de amor. Yo era muy tímido. Quizás aquel tipo había aniquilado mi autoestima. Aunque, de todos modos, no podía parar de hablarle a Rosa.

De historia, de física, de geografía,
pero no de amor.
De viajes, de sueños, de biología,
pero no de amor.
De historia, de ciencias, de geometría,
pero no de amor.

No la enamoraba, pero la hacía reír. Se reía todo el tiempo. Quizás sí la enamoraba de risas, pero yo no me daba cuenta. Quizás el amor era eso, y yo no lo sabía. Quizás enamorarse es querer estar siempre con alguien con quien no paras de hablar. Hasta que la maestra Sol, a riesgo de perder a su mejor alumna, no tuvo más remedio que volverme a mandar al fondo del aula, que era mi lugar de siempre.

Me sentaron al lado de Pancho, un negro grande, bastante noble, casi medio bobo, pero que a veces quería mostrar cierta autoridad de negro grande como el difunto Miguelón. Un día me rompió la punta del lápiz y yo le rompí la de él, y como uno no podía pelearse en clase me dijo lo que siempre te decía: "Te espero a la salida para fajarnos en el parque".

Ese parque era el de Santa Amalia, mi barrio, y todas las tardes había dos o tres broncas de niños dentro de un círculo de espectadores, y tenías que ganar esa pelea o, por lo menos, hacer un buen papel, si no eras motivo de burla durante una semana en la escuela. Y ya "te cogían pal trajín", que era como le llamaban en mi niñez al *bullying*.

Yo era bastante pequeño porque tenía un año entero adelantado en la escuela y, además, era gordito. Pancho era grande y fuerte, y cuando me dijo te espero a la salida para fajarnos, una inquietud muy grande se desató dentro de mí. Me puse tan nervioso que cuando se acabó la clase, sin esperar a llegar al parque, lo empujé violentamente contra una silla. ¿Me había vuelto loco? Pancho podría matarme. Al caer se le rajó el pantalón del uniforme escolar y se le hizo un enorme siete en la pierna, a la altura del muslo. Pancho se miró desconcertado, porque sabía que, si llegaba a su casa con el pantalón roto, el único que tenía, su madre lo iba a moler a palos. Y aquel miedo a su madre, no a mí, lo dejó paralizado y aquella pelea quedó ahí.

Bueno, quedó ahí para él y para mí, pero la directora de la escuela me llevó a la dirección, me castigó, avisó a mi madre y esa tarde, cuando llegué a mi casa, recibí la paliza que no me había dado Pancho.

¿Por qué el innombrable me pegó aquella tarde? No lo entiendo, yo había hecho lo que supuestamente él me hubiera dicho que hiciera, defenderme, ser un macho, un guapo, un hombre. ¿Por qué me pegaba entonces? ¿Quizás yo había hecho lo que él no tenía huevos de hacer con otros hombres?

El domingo me llevaron a casa de Pancho para hablar con sus padres y ofrecerles las disculpas pertinentes. Lo más increíble es que Pancho se hizo mi amigo, incluso me prestó su bicicleta, lo que no hacía con nadie. Creo que fue la primera pelea importante que gané en la niñez, pero más que eso gané un buen amigo. Algunas tardes me iba a jugar a su casa, que era mucho más alegre que la mía, y donde me sentía libre del mismo modo que cuando me prestaba su bicicleta y yo me dejaba caer por la loma de Rivera, soltaba las manos como un vikingo y el aire me daba en la cara. Era feliz.

## 28

En mi barrio tenías que pelearte constantemente en la calle. No podías permitir que te mangonearan, o se volvía una costumbre y te consideraban un trajín. Las peleas callejeras eran casi un modo de expresión, una manera en la que los niños reproducíamos el comportamiento que veíamos en los mayores. Justo al lado de mi casa, en la casa de Fernando el Palomero, donde había un patio grande, se celebraban peleas de boxeo ilegales a mano limpia. A los niños nos prohibían asistir, pero desde el patiecito de lavar yo tenía una visión privilegiada de aquel espectáculo dantesco.

La pelea que yo más recuerdo fue la de un negrito bembón que siempre estaba sonriendo, de cuyo nombre no me acuerdo porque no era del barrio. Era medio gracioso y ni siquiera muy fornido, y venía a jugar dominó a casa de Reinaldo el Zoquete. Aquel negrito con boca de *goldfish* se enfrentaría al Gallego, un blanco medio rubio tosco y fuerte que era el yerno de Cholo, el tornero. No sé cómo se concertó esa pelea, pero se dispuso que sería un domingo.

Yo sentí pena por la suerte del negrito. Todas las apuestas se hicieron a favor del Gallego, que era el más fuerte. Aunque era ilegal, se apostaba dinero. Bueno, en Cuba en aquellos años todo lo que no era obligatorio era ilegal. Se apostaban unos buenos pesos, sobre todo lo hacían Pipo el Polaco y el Padrino del barrio y sus amigos.

Cogieron una soga gruesa de barco y la fueron amarrando a los troncos de los árboles que circundaban el patio y crearon una especie de ring de boxeo salvaje. La campana era un cencerro, el mismo que se usa para tocar en las orquestas de música salsa, y cuando a aquella campana la hicieron sonar *kin*, salió el Gallego como una pequeña bestia a comerse al negrito.

Aquel negrito cómico resultó ser una especie de bailarín que jugaba, saltaba y revoloteaba alrededor del Gallego, que era incapaz de conectarle un golpe. El negrito, como si fuera un gato, o un mono dirían los racistas de mi barrio, saltaba de aquí para allá, se reía, hacía la bicicleta con los pies, hacía el payaso, y a cada rato le tocaba suavemente la cara con el *jab* al Gallego, que se iba poniendo cada vez más furioso y tiraba piñazos a lo loco mientras perdía la energía y el control.

Como en el cuarto asalto ya el Gallego estaba exhausto, frustrado y molesto. ¿Qué coño era lo que hacía aquel negro? Eso no era boxeo, eso era una mariconada, y empezó a ofenderlo, a lo que se unieron los de su esquina y empezaron a ofender a los de la esquina del negro. Había mucha tensión y aquello parecía que iba a acabar "como la fiesta del Guatao".

Y llegó el quinto asalto, y el negro salió de un modo que aquello pareció el ataque a Pearl Harbor. Fue un ataque brutal y repentino en el que aquel negrito bembón y gracioso, con una velocidad y una precisión de espanto, le empezó a dar piñazos, *jabs*, ganchos, *uppercuts*, todos demoledores y efectivos, en la cara, en el abdomen, en las costillas, en toda la humanidad del Gallego que se iba convirtiendo ante nuestros ojos en un pelele bañado en sangre. Desde la esquina le gritaban: ¡Tira,

Gallego, tira! Y yo creo que el Gallego pensaría "tira la toalla tú, hijo de puta", porque una toalla blanca voló en el aire y le cayó en la cabeza al Gallego manchándose de la sangre que le salía de la nariz, las cejas, los pómulos. Lo que si me impresionó fue que ese Gallego, esa pequeña bestia, en ningún momento se cayó al suelo. Era como un *punching bag*, que por más que le pegan regresa a enfrentar al adversario.

Al final, al Gallego humillado y hundido solo le quedó lanzar la concebida amenaza de todos los que perdían una pelea en el barrio: "¡Esto no se va a quedar así!". Y el negrito le soltó la humillante respuesta que siempre soltaban los vencedores: "¡Por supuesto que no se queda así. Eso se hincha!". Me dio pena con el Gallego, pero me sentí feliz de que no siempre ganaran los mismos.

Aquellas peleas duraron dos o tres domingos más. En una de ellas peleó Cholito, el hijo de Cholo, una bestia humana que era capaz de levantar un Volkswagen con sus bíceps, y que reventó a su adversario, otro imbécil al que llamaban El Salvaje. Y así, hasta que un día apareció la policía y se formó el corre corre y se acabaron las peleas de boxeo.

Jamás vi al "macho de mi casa" mostrar la más mínima intención de subirse en el ring de los salvajes. Un día, incluso Fernando el Palomero, dueño de la casa del ring de boxeo y vecino nuestro, le dijo: "¿No quisieras echar una pelea?". Y aquel le respondió: "Me gustaría romperle la cara a algún maricón, pero ahora no puedo, tengo una hernia discal en la columna".

Lo de las ganas de pelear, lo dudo; lo de la hernia fue verdad, y gracias a ella y al tiempo que estuvo en cama después de la operación, me libré por un tiempo de su violencia.

## 29

Otro lugar de extrema violencia y abuso era la escuela al campo. Un periodo de cuarenta y cinco días en que los estudiantes de secundaria básica, que éramos niños, íbamos al campo a hacer labores agrícolas que nos curtirían en nuestra formación como hombres nuevos, según proclamaban los gobernantes cubanos.

A nuestra generación nos exigieron tanto que no nos dejaron ser niños. Todos debíamos ser como el Che, pero nadie podía ser como él porque ni el Che era como el Che. Él era un mito, un ideal de ser humano, una utopía. El Che era un cuento muy lindo, una leyenda, pero el Che no era ninguna persona.

Ernesto Guevara, el de verdad, era un ser real con luces y sombras. Sus seguidores siguen creyendo que fue el Cristo o el Quijote del siglo XX. El hombre más perfecto, como dijo Jean Paul Sartre. El símbolo de la redención de todos los pobres del mundo. Sus detractores dicen que fue un asesino que hacía culto a la muerte, que persiguió a los homosexuales y creó campos de concentración, y contemplaba sin piedad las ejecuciones de sus enemigos en el Castillo de la Cabaña, mientras se fumaba un tabaco.

Yo, que lo idolatraba de niño, hoy creo que el Che fue un aventurero idealista. Y todo aventurero tiene algo de poeta y algo de criminal. La parte poética era su sueño de dignidad para los pobres del mundo. Su parte criminal era su intransigencia y su crueldad con todo el que no pensaba como él, o no se apasionaba como él, o se "desviaba" del camino de la Revolución. Y ese desviado podía ser lo mismo un delincuente, un artista o un homosexual: todo aquel que no reflejaba la imagen del hombre perfecto de la nueva sociedad.

El Che era un idealista que nunca entendió al ser humano real. Que creía que los trabajadores debían apreciar más los estímulos morales, entiéndase medallas, diplomas y banderas, que los materiales que le servían para vivir.

Al final, el idealismo del Che chocó con la mente práctica de Fidel Castro cuando el Che estuvo a punto de enredarle sus relaciones con la Unión Soviética por unas declaraciones que hizo en 1965 en la Conferencia Afroasiática, en las que acusó a la Unión Soviética de ser una potencia imperialista. Pero como la Unión Soviética era la salvación política y económica de Fidel Castro, y los soviéticos vieron al Che como el amigo incómodo de Fidel Castro, el Che se tuvo que ir de Cuba. Primero a África, viaje que fue un desastre, y después a Bolivia, donde perdió la vida. Fidel Castro dio desde la Plaza de la Revolución la noticia de su muerte y casi todos los cubanos en la isla lloraron su desaparición.

Después de su muerte se creó el mito. Y ese mito y esa imagen de la foto de Korda que el mundo conoce, a mi generación nos la grabaron con fuego. "Pioneros por el comunismo, seremos como el Che", repetíamos cada día en el matutino de la escuela.

Mi generación sufrió el *bullying* desmedido de un gobierno implacable que quería, a toda costa, que los niños revolucionarios fuéramos como el Che. Quería que fuéramos modelos de conducta, lo que no era ninguno de sus integrantes. Que quería que fuéramos perfectos cuando los que dirigían eran soberanamente imperfectos. Que quería que fuéramos morales, cuando muchos líderes de la Revolución disfrutaban de fiestas y orgías con manjares, champán y bailarinas. Así lo hacía en sus oficinas el comandante Papito Serguera, director del Instituto Cubano de Radio y Televisión, mientras el pueblo pasaba escasez y hacía trabajo voluntario o como aquel coronel de la contrainteligencia al que llamaban William, que iba cada noche a ver a mi padre actuar al cabaré, acompañado con chicas que buscaba en el Instituto Pedagógico. Chicas de diecisiete o dieciocho años, a las que después de invitar a comer y beber y disfrutar de un *show* para turistas al que ellas no tenían acceso, las llevaba a una casa de la playa de Santa María donde las obligaban a hacer "tortilla" a punta de pistola.

Y nuestros padres sabían que pasaban esas cosas. Y años más tarde, nosotros también lo supimos, pero todos callamos porque no se podía juzgar a los líderes de la Revolución, porque eso hubiera sido atacar a la Revolución. Si Luis XIV dijo "El Estado soy yo", Fidel soltó algo así como "la Revolución soy yo y contra la Revolución, nada". O lo que es lo mismo: "Contra mí, nada". Nuestros padres aprendieron bien la lección y se callaron y nos enseñaron a callar. Lo que dijera el jefe era ley y se acometía al momento, aunque muchos pensaran que era una barrabasada. Era el jefe. Así le llamaban a Fidel sus más cercanos colaboradores y los militares de alto rango. También "el Caballo", o "el que más mea". En fin, el macho más macho de toda Cuba. Igual que al general Trujillo en Dominicana, nadie le discutía y ninguna mujer se le resistía.

## 30

A Fidel y su gobierno se les ocurrió construir escuelas en el campo, que empezaron siendo opcionales y terminaron siendo obligatorias, como todo lo que proponían desde el gobierno. Había ESBEC (Escuelas Secundarias Básicas en el Campo) y también IPUEC (Institutos Preuniversitarios en el Campo). Yo estuve en los dos. Eran unas especies de reformatorios con estudios, labores agrícolas y pases los fines de semana. Realmente era una aberración dejar a chicos de entre once y diecisiete años, y algunos de hasta veinte años, abandonados a la buena de Dios y al poder de los más fuertes y crueles.

Además de las escuelas en el campo, existía la Escuela al Campo. Durante un período de cuarenta y cinco días, las pocas escuelas que quedaban en la ciudad enviaban a los estudiantes a unos campamentos rudimentarios a hacer labores agrícolas, pero esta vez sin horas de estudio: campo por la mañana y campo por la tarde. Y no podías ir a tu casa. Los padres solo te visitaban los domingos. Esto sí era la barbarie. La primera vez que fui a la Escuela al Campo yo era muy pequeño. Tenía solo once años y estaba en un albergue con chicos que casi me doblaban la edad. Yo estaba aterrado.

En aquellos albergues los chicos mayores abusaban de los más pequeños. Los humillaban, los escupían, los meaban, les robaban la comida que les traían los padres los domingos. Y a los homosexuales los masacraban, los esclavizaban, les hacían lavar, limpiar los baños, los violaban. Aquello era el paraíso del *bullying*. Era el peor lugar para un niño, y los padres lo sabían al igual que los profesores y el gobierno, pero nadie decía nada.

Yo sobreviví a esos tormentos porque tuve la suerte de conocer a Renecito Milián. Era el chico estrella de mi barrio, campeón de lucha libre y guapo de verdad. Nadie se metía con él. La primera noche, en la que yo estaba preparado para que me pasara cualquier cosa, se paró en el medio del albergue y gritó: "¡Eh, pito por mí y por el chama este!".

El chama era yo. Y "pito por mí y por él" quería decir que hablaba en mi nombre y en el suyo propio; o sea, el que le haga algo a él, se las ve conmigo.

Coño, sentí una tranquilidad… Se me alivió el corazón. Nunca se lo agradecí verbalmente, porque yo era muy tímido, pero lo hice en silencio toda la vida. Tampoco pude agradecérselo de mayor, porque lo mataron muy joven, cuando no tendría más de 18 años.

Renecito era un chico genial. Era un mulato bonito, con el pelo ensortijado. Muy gracioso, pero no cómico, sino carismático. Era el que mejor jugaba a la pelota, a las bolas, al trompo. Era el rey. Y quien se fajara con él… bueno, nadie se fajaba con él.

Para ser de aquel ambiente crudo de mi barrio era bastante bueno. Alguna vez le vi darle una paliza desmedida a algún que otro guapo, pero no podía ser perfecto.

Su desgracia fue ser bonitillo. Las mujeres mayores se enamoraban de él y él sentía que, por derecho, esas mujeres eran suyas. Alguna de entre ellas tenía marido. Un día se estaba templando a una mujer que vivía al lado del río y llegó el marido. Dicen que el marido le dijo: "¿Tú qué haces aquí?". Y que él le respondió: "Lo que me salga de los cojones". Y luego, el cornudo cogió un cuchillo y se lo metió en el hígado.

Para mí fue muy doloroso conocer esa noticia porque yo lo admiraba, y porque de alguna manera él me quería y me trataba bien. Para su madre fue devastador. Se volvió una alcohólica, iba por el barrio dando tumbos, con olor a aguardiente y los ojos secos de llorar. Y nadie le decía nada. ¿Qué le iban a decir? "Luisa no bebas". "Luisa te estás matando". Ya la habían matado. Le habían matado a su hijo. A su hermoso y radiante hijo que había nacido para ser el rey.

Desde que murió Renecito el barrio se volvió más duro aún. Se apagó la poca luz que tenía. Y perdimos con él a uno de los pocos justos que defendía a los débiles y no trajinaba a los chicos.

## 31

En aquellos años, el *bullying* era una práctica normal. En Cuba lo llamábamos "trajinar". Trajinar a alguien era molestarlo todo el tiempo sin misericordia. Y a la víctima de aquella crueldad le llamaban "trajín". Si alguien te llamaba trajín, tenías que responder "trajín el coño de tu madre" y matarte a piñazos con él, porque si aceptabas el cartelito de trajín, ya no te dejaban vivir en paz.

Mi amigo Camilo, el de Radio Praga, era un poco trajín. El pobre, no atinaba a defenderse, no estaba en su naturaleza. Lo molestaban y no decía nada. Un día en la puerta del colegio uno de los Maza la cogió con él. "Tú eres maricón", le dijo. Y esa era la ofensa mayor. Camilo no dijo nada. "Y tu madre es puta". Y Camilo seguía aguantando, porque sabía que pelearse con uno de los Maza era fatal.

Los Maza eran como siete hermanos, todos pequeños y cabezones, pero fuertes y nacidos para la pelea. Todos peleaban bien. Y, además, si le ganabas a uno venía el otro, y el otro, y el otro. Y así pasaban los siete. Era mejor dejarles ganar. Amedrentaban al barrio entero menos a Renecito Milián, porque con ese sí no se tiraba nadie.

Una de las peleas más tremendas que viví fue la de Renecito y el segundo de los Maza. Fue como de circo romano. Todos estábamos allí. Se habían citado para fajarse esa tarde en la esquina de Lincoln y Arnao, delante de casa de Manolito, el hijo de Lourdes, la que pintaba uñas. Todos estábamos en la calle, jugando o hablando, pero, en realidad, estábamos esperando a que llegaran los contendientes.

El primero en llegar fue Renecito. Vino vestido con el traje de luchador, que era una especie de short con tirantes, medio ridículo, pero a Renecito todo lo quedaba bien: era la estrella. Él era como Benny Moré, que hiciera lo que hiciese le quedaba bien. De hecho, se parecía al Benny. Era de esos mulatos de facciones finas y piel como charolada, una piel con brillo. Y el pelo con onda, pero bien colocado. Como el Benny, una estrella natural. Y también trágico como el Benny, así era Renecito.

Renecito llegó a la esquina y empezó a calentar sus músculos como si de una pelea por el campeonato de lucha se tratara. Y todos le mirábamos con respeto y orgullo, porque, de cierta manera, nos estaba representando: todos queríamos romperle la cara a aquel Maza, pero no había huevos. Bueno, sí había, pero todos se los había llevado Renecito.

De pronto, todos miramos hacia la izquierda. Desde la calzada de Rivera entró a nuestra calle el Maza. Venía con dos de sus hermanos, con esa cara hosca de siempre, con esa exageración de cejas casi juntas que denotaban una fuerza brutal… Los tres tenían mucho parecido, eran pequeños, cabezones y cejijuntos.

El Pinocho, que también era un guapo mentado en el barrio, dijo que nadie se podía meter en la bronca, haciendo clara alusión a los hermanos del Maza. Además de Pinocho estaban allí Ñango, Makanda, Pancho, El

Petiso, Nelson el Cuervo, Mantequilla, y varios guapos más para velar por el cumplimiento de las reglas.

Renecito dijo: "Vamos". Y fue hacia el Maza y caminando alrededor de él, en círculos, le preguntó: "¿Qué fue lo que me dijiste ayer?". Y el Maza le dijo: "Que me cago en tu madre". Y Renecito le respondió: "¿Ah, sí?". Inmediatamente nos miró a todos y con un movimiento inesperado se lanzó a los pies del Maza para meterle un *tackle*. Lo agarró, pero no lo pudo levantar porque el Maza se tiró al suelo. Ahí se abracaron los dos y dieron vueltas por el suelo como dos perros. Se agarraban, se zafaban. Se pegaban con una violencia y una velocidad que asustaba. Con los puños, con los codos, por la cara, el vientre, la espalda, como dos peleadores de la UFC. Ninguno de los dos parecía poder con el otro. En algún momento se rompieron algo pues empezó a salir sangre, pero no sabíamos de quién era porque se movían muy rápido. Seguían fajándose como dos perros, como si se tuvieran un odio viejo. Y cada vez había más sangre. Y se metían los dedos en los ojos y se retorcían los brazos y las piernas y trataban de asfixiarse el uno al otro. Nadie se atrevía a parar aquello. Ni siquiera aquel día se había visto el jaleo típico de las broncas: "dale, Renecito", "dale, Maza". No. Esa vez era una pelea seria. A muerte. Yo pensé que se matarían.

Todo duró como media hora, que en una pelea es una eternidad. Hasta que apareció Mingollo, y como si fueran dos plumas los separó. Mingollo era el tipo más fuerte del barrio, un negro de más de seis pies de estatura y un cuerpo como el de Arnold Schwarzenegger.

Además, tenía como cincuenta años y ya algunas canas, lo que imponía más respeto. Mingollo era el padrastro de Renecito. Yo sentía envidia porque era un padrastro bueno, que a pesar de ser una mole jamás le había puesto un dedo encima. Aquella mole era, en realidad, un hombre muy sensible, un jardinero, especialista en injertar unas rosas que eran las más bellas del barrio. Impresionaba verlo tratar las flores con tanto cariño, con aquellas manazas de gigante bueno.

Ninguno de los dos contrincantes se resistió a la fuerza y autoridad del negrón. Mingollo tiró a cada uno para un lado y dijo: "¿Son muy machos? ¿Se quieren fajar conmigo los dos?". Y se volvió hacia el resto: "Y ustedes, maricones, que los están mirando matarse y no hacen nada, ¿se quieren fajar todos conmigo?". Nadie levantó la mano ni la mirada. Nadie se movió.

"A ver, dense un abrazo". El Maza dijo: "¿Qué?" y Mingollo dijo más fuerte: "Un abrazo, cojones". Y así, sin ganas, Renecito y el Maza se dieron un abrazo. "Y ahora vayan a su casa a hacer la tarea, a ver si estudian y son algo en la vida, no unos delincuentes como estos viejos comemierdas que están aquí", dijo Mingollo refiriéndose a dos o tres que ya estaban mayorcitos para estar en la esquina echando a pelear a los muchachos. Algún que otro refunfuñó algo bajito, casi inaudible. Y Mingollo remató: "Vamos, vamos, que la fiesta se acabó. Y ustedes dos, comemierdas, cuando se vayan a fajar para divertir a la gente, por lo menos cobren. No sean tan mamalones".

Y cada uno se fue para su casa, todos avergonzados porque, siendo todos tan guapos, nadie tuvo huevos de contestarle a Mingollo. Me hubiera encantado tener un padrastro como Mingollo, no como el que me tocó, que en lugar de evitarme una pelea me echaba a fajar. Como hizo con Eduardito.

## 32

Uno de mis mejores amigos del barrio era Eduardito. Un día, él y yo tuvimos una pelea por una bobería de un juego de bolas, y me dio un golpe en el ojo. Yo llegué a mi casa con el ojo hinchado y el macho de la casa me dijo: "Ahora te vas a buscarlo y le ponchas un ojo a él, porque yo en mi casa no quiero maricones". Y cuando vio mi cara de que no quería volver a pelear, me dijo: "O si no, yo te poncho el otro a ti".

Y allá me fui yo, con mucho miedo, a pelearme otra vez con Eduardito. Me paré delante de su casa y le dije: "Sal que esto no se ha acabado". Y Eduardito, sin entender mucho lo que le estaba diciendo, salió. Y del mismo miedo le fui para arriba con una furia loca. Me lancé de cabeza contra su cuerpo y le di una clase de mordida en la barriga que le arranqué un pedazo de carne.

Me quedé con el pedazo de carne echando sangre en la boca, y Eduardito dio un grito de terror y me miró con los ojos desorbitados, como si estuviera viendo a un monstruo, y se fue corriendo para su casa. Y nunca más me habló. Se acabó la amistad para siempre, y un día se mudó del barrio y nunca tuve la oportunidad de disculparme.

Una vez tuve un sueño en el que nos encontrábamos, ya viejos y con barba blanca los dos, caminando por el cementerio de Praga (siempre tuve a Praga en los sueños), y lo veo y digo: "Coño, ese es Eduardito". Me le acerco y le digo: "Eduardito, amigo, coño, perdóname, ya pasó mucho tiempo". Y él, en lugar de hablarme, se metía la mano en el bolsillo y sacaba aquel pedazo de carne ya podrido y con unos gusanos amarillos que se movían. Y yo entendía que hay cosas tan fuertes que a veces cuesta perdonar. Y me avergonzaba de haber sido violento aquella tarde, y de perder a un buen amigo, pero qué iba a hacer. Mi padrastro no era un Mingollo, que era un hombre bueno y justo que defendía a los más débiles, como a Nelson, el maricón.

## 33

Ser gay en Cuba en esos años era una verdadera desgracia. En mi barrio los hombres preferían que un hijo les saliera delincuente que maricón. Era una tragedia. Te caía encima el *bullying* de la familia, la escuela, el barrio, la policía, el gobierno. Todos contra ti. A muchos homosexuales los encerraron en las UMAP: campos de trabajo forzado para reeducar a los "desviados e inmorales". Los primeros fueron los maricones. Dicen que fue idea del Che. No obstante, Nelson, el maricón, no fue a ninguna porque era menor de edad, pero siempre fue un apestado. Como su padre se había ido a Miami, a cada rato venía la policía a molestarlos a él y a sus dos hermanas. En el barrio la mayoría de las personas se alejaban de ellos como si tuvieran una enfermedad contagiosa y los hostigaban constantemente. Yo veía como Nelson se defendía: era un valiente. O como decían los machistas: un maricón macho.

Nelson era un muchacho flaco, alto y rubio, de cara bonita y espejuelos. Tenía dos hermanas hermosas por lo que Renecito, enamorado de una de ellas, visitaba esa casa, lo que le daba cierta protección. Solo cierta, porque a cada rato iban a joderlo y a gritarle maricón y hasta le tiraban piedras. Pero él se defendía y se cagaba en la madre de todos.

A mí me daba pena con él, pero no lo saludaba mucho porque en mi barrio si saludabas a un maricón, tú lo eras también, y te jodían la vida a no ser que fueras Renecito o Mingollo, que eran incuestionables y podían saludar y visitar a quien les saliera de los huevos.

Años más tarde, cuando me liberé del innombrable y de los prejuicios estúpidos del barrio fui a casa de Nelson, el maricón. Incluso visité la casa de El Chino, un sastre que era amigo de Nelson, y que era diez veces más maricón que él. Se ponía bata de casa y rolos y se hacía el torniquete en el pelo, pero nadie hacía un pantalón como él.

Muchos íbamos a su casa para que nos hiciera unos jeans. Claro, escondidos de la gente del barrio, porque si te veían entrar a la casa del Chino, los otros, que también iban a escondidas, te abrían fuego y te colgaban el cartel de maricón. El Chino, que era un jodedor, cuando te tomaba las medidas te tocaba cerca de los huevos y tú mirabas para el techo. Supongo que eso lo divertía. Cuando terminaba te decía "te acompaño hasta afuera", y a ti se te escapaba un ¡¡NO!!, para decirle después "no, gracias". No obstante, él salía y te decía adiós con cara de satisfacción como si hubiera pasado algo más. Y siempre había alguien en la esquina que te veía y te la guardaba. Pero si querías estar mínimamente a la moda en la fiesta del sábado, y tus padres no eran del gobierno, o no tenías familia en Miami que te mandara un Levi's, tenías que ir a casa del Chino y asumir las consecuencias. Yo creo que esa era la venganza del Chino contra el machismo tribal e hipócrita del barrio. Me lo imagino pensando "yo seré maricón, pero todos ustedes quedarán en duda, que es peor, porque además no lo gozan, ¡ja!", mientras se hacía el torniquete como Sarita Montiel. Y cuando le gritaban "chino maricón" respondía "ya casi está tu pantalón". Y se acababa la burla.

Había otro chico gay en el barrio, Lázaro el Congolés. Pero a ese nadie le decía maricón, porque había sido de los guapos más duros del barrio y un día se "cambió de acera". "¿Sabes quién se metió a cherna?". "Lázaro el Congolés", respondían. "¡No!". "Sí, lo vi pajareando en los carnavales". "¿Lázaro el Congolés, el hijo de Nenita la Larga?". "¡Sí!". "Eso tengo que verlo". Y se aparecía Lázaro con sus casi seis pies de estatura y esa piel mulata oscura, una piel de moro, como

decían en Cuba, su pelo largo desrizado, unos pantalones campana bien apretados y una camisa manhattan
también muy ceñida al cuerpo, con muchos botones
abiertos, mostrando el pecho afeitado. "Coño, pero
tronco de maricón", decían bajito porque nadie tenía
huevos para decírselo en su cara. Algunas veces pasaba
hablando muy amanerado, acentuando lo femenino,
con Nelson, el maricón, mirando con desafío a todos
los que le seguían con la vista, con cara de "a ver quién
tiene cojones de decirme maricón". Y todos murmu-
raban bajito, bien bajito, y Lázaro seguía su camino
como una reina, como una Donna Summer de bajos
recursos.

Un día, como a las once de la mañana, lo vi salir
de casa de Nelson, y alguien desde una ventana gritó:
"¡Lázaro, maricón!". Él miró hacia todos lados, inqui-
sitivo, y dijo: "¡¿Quién pinga fue?!", pero nadie respondió. Lázaro gritó con todas sus fuerzas: "¡Me cago en la
madre de todo el barrio! ¡¿A ver quién sale?!".

Nadie salió. El innombrable tampoco, y eso que
decía que a él nadie le mentaba a su madre. Lázaro se
había cagado en la madre de todos como si fuera un
paquete. "¡Maricones son ustedes, que ninguno tiene
cojones para dar la cara! Porque yo soy maricón de
culo, pero ustedes son de alma porque son unos pende-
jos!". Y nadie salió. Y como nadie salió y Lázaro estaba
furioso, buscó un palo largo y con este les pegó a los
cables de alta tensión del poste de electricidad. Los cables empezaron a chisporrotear como si fueran fuegos
artificiales, todo terminó en una gran explosión y el

barrio se quedó sin luz durante una semana. Pero nadie le dijo nada a Lázaro, el Congolés. Tenía razón: era un barrio de cobardes. Solo se atrevían con los débiles y más pequeños.

## 34

Un día llegué corriendo a casa de Camilo y llamé a su puerta, nervioso: ¡Camilo, Camilo! Me abrió asustado y me preguntó qué pasaba. Yo le respondí que me habían escrito. "¿Quién?", me dijo. Y le contesté: "¿Cómo que quién? Los de Radio Praga. ¿Quién más me va a escribir a mí?". Y le enseñé el sobre con las letras de la lengua eslava, y el sello con el castillito donde siempre creímos que vivía el cantante Karel Gott. Camilo, ansioso, me preguntó qué decía la carta, e inmediatamente comencé a leer.

Praga, 12 de septiembre de 1974

Estimado Alexis Valdes: [Coño, no pusieron el acento]

Hemos recibido tus cartas y nos gustan mucho. No te habíamos respondido antes porque tenemos muchas cartas de muchos niños del mundo. [Me imagino]

Qué alegría saber que te gustan nuestros programas. [No había oído ni uno todavía. Camilo y yo queríamos fabricar una radio portátil. Mi tío

Rodolfo me había dicho que se podía hacer con una piedra de galena. Le preguntaba a todo el mundo, pero nadie sabía qué carajo exactamente era una piedra de galena y mucho menos dónde se podía encontrar. Pero, nosotros teníamos la esperanza de encontrar una y fabricar una radio portátil. En realidad, la galena era un mineral que se había usado en las primeras radios. Por medio de él se rectificaban las señales captadas por la antena, lo que posteriormente fue reemplazado por los diodos. Es decir que estábamos muy, pero que muy desfasados en el tiempo].

Nos gusta la idea de que quieras participar en nuestro concurso. Debes hacer una redacción donde nos cuentes quién eres y cómo son tu familia, tu escuela y tu país. A ver si tienes suerte y ganas un viaje a Checoslovaquia.

A nosotros también nos gustaría conocer Cuba, que dicen que es hermosa, y conocer a Fidel Castro, un gran amigo de nuestro líder, el compañero Gustav Husak. [Husak era un títere de Moscú, que se había vendido a la Unión Soviética y había apoyado la invasión de los tanques soviéticos en 1968. Y lo más increíble es que los checos hoy recuerdan aquel momento terrible de su historia con caricaturas que están permanentemente en la Plaza Wenceslao. En ellas se burlan de los soldados soviéticos, de los tanques y de Husak. Es su sabia manera de curar la herida. Con humor].

Esperamos tus próximas cartas. Y te deseamos mucho éxito con tu redacción.

Tu amiga de Radio Praga,
Charka Ondricek

"Bueno, ahora la competencia es entre tú y yo", dijo Camilo. Y yo repliqué: "Cualquiera de los dos que gane, compra la radio portátil". "Trato hecho", cerró Camilo. Me quedé un segundo mirándole y al final se lo solté: "Ah, Camilo. Vi el otro día como el Maza te dio una galleta delante de todo el mundo en el patio de la escuela". Él no dijo nada. Yo seguí hablando: "Tienes que defenderte, Camilo". "No quiero pelear", fue lo único que me dijo. Le respondí rápidamente: "Yo tampoco quiero pelear, pero si no te defiendes te cogen para el trajín". Y él me dijo: "No me importa. No les voy a dar el gusto de pelear".

En aquel momento lo vi como un cobarde. Ahora lo percibo como un valiente, como Gandhi. Camilo no permitía que la violencia de ellos lo cambiara a él. Pero esa no era mi manera de pensar en aquel tiempo. Yo sí no quería, de ninguna manera, ser el trajín de nadie. Yo sí me tuve que fajar muchas veces en el barrio. Ya bastante tenía con que me pegaran en casa. No me iba a dejar pegar por nadie más. Ni cojones.

## 35

Recuerdo aquel día en que me fajé con Arnaldito, el hijo del Zurdo. Creo que ni él ni yo teníamos ganas de hacerlo, pero a él lo enchucharon. Algunos compinches le habrán dicho: "Dale, fájate con este que es pequeñito y no sabe fajarse bien". Era una manera de ir ganando fama de guapo en el barrio. Darle una buena tunda a alguien.

Ese día Arnaldito me mentó la madre, y nos fajamos en la puerta de la carnicería. Los adultos miraban como si fuera una fiesta. Todos estaban a favor de él porque era el hijo del Zurdo, el lugarteniente de Pipo, el padrino del barrio. Pero les salió mal la jugada porque en los primeros golpes le metí un directo al ojo y se lo ponché. En ese momento se acabó la pelea. Le dejé el ojo morado por varios días. Y al final el que ganó cierto respeto fui yo.

Después de la pelea me fui para mi casa y llegué bastante contento con mi actuación. Pero traía la ropa rota y, como siempre, el innombrable me pegó. Creo que a veces ni sentía los golpes. Era como un trámite por el que había que pasar. No obstante, quedé satisfecho conmigo mismo. Había quedado como un guapo ese día y la voz se corrió por el barrio. Por supuesto, Arnaldito nunca más se lanzó conmigo.

## 36

Más adelante tuve un tiempo de calma en mi casa. El innombrable, debido a algún esfuerzo que le provocó una hernia discal, no podía moverse, y como debía someterse a una operación de columna andaba encorvado y todo apendejado. Creo que le tenía miedo a la cuchilla.

Por aquel entonces vivía frente a mi casa Alejandro, un vecino al que él le arreglaba el carro y que era dirigente del Partido. Por mediación de Alejandro, le consiguieron el mejor hospital ortopédico del país, el Frank País, donde tenía su consulta el doctor Álvarez Cambras, el ortopédico de Fidel y dicen que también de Sadam Huseín y algún que otro gobernante más. Aquel famoso médico te llenaba la pierna de tornillos, extensores, y te soltaba andando. Otros decían que no era tan bueno, que eso se lo había copiado a un médico ruso de la Segunda Guerra Mundial, y que a alguna gente ese método le funcionaba, pero a otros los jodía para siempre. Pero de esos nunca se hablaba porque Álvarez Cambras era intocable. Quien había sido su profesor en la escuela de medicina, el doctor Martínez Páez, que ahora era su enemigo, le llamaba "manos torpes". Había una rivalidad entre ellos. Uno había sido una estrella desde antes de la Revolución, y el otro era la estrella de la Revolución. Pero Fidel decía que Álvarez Cambras era un genio y a callar todo el mundo. Lo que Fidel dijera se convertía no solo en verdad incuestionable, sino en consigna. Así era el país.

De cada discurso de Fidel salía una nueva consigna con la que se empapelaba la isla entera.

"Señores imperialistas, no les tenemos absolutamente ningún miedo", y algunos decían bajito: "Miedo no, pero una envidiaaaa". O "Cuando un pueblo enérgico y viril llora, la injusticia tiembla". Todos nos aprendíamos aquellas consignas como si la cita fuera la más genial de la historia. Hoy en día leo libros de citas famosas y no aparece ninguna frase de Fidel Castro sino citas de Churchill, Gandhi o Groucho Marx, pero en aquellos años en Cuba nos decían que era el mayor estadista de la historia. Tuve un profesor de Marxismo al que llamábamos Fidel, porque hablaba igual que él. La misma voz, los mismos gestos, como si estuviera en una tribuna dirigiéndose a una multitud, pero en una clase con treinta chicos. Y además no tenía barba y era negro. Era un desmedido culto a la personalidad que creo que solamente ha sido superado por el de Kim Il Sung. Patético.

Al innombrable finalmente lo operó un médico del equipo del doctor Álvarez Cambras, en el Hospital Frank País. Sus influencias no llegaban tan alto como para que interviniera directamente el eminente doctor. Como no podía moverse porque "le dolía mucho la espalda" —en realidad era un melindre, un pendejo—, no nos podía pegar. Creo que era un tipo muy débil y miedoso que tenía muchos complejos por sus debilidades, que tapaba con un velo de guapería. Siempre se quejaba de la úlcera, de los dolores de cabeza y del dolor de espalda. Era un pobre diablo, pero ¡un Diablo!

Por el contrario, mi padre, de quien nos quería hacer creer que era un tipo débil, y del que alardeaba conque un día lo iba a reventar a golpes y arrastrar por el barrio y humillar delante de todos, ese sí que era fuerte. Mi padre sí era una bestia que casi no sentía el dolor.

Eso lo supe muchos años más tarde cuando viví con mi padre. Mi viejo era un toro. Un día se rompió la clavícula y no fue ni al médico. Sin ninguna ayuda subió el hombro y lo acercó más a la cabeza, en una posición menos dolorosa, y se pasó meses con el hombro pegado a la cabeza como si tocara violín. Una tarde que estábamos comiendo lo vi en esa posición tan rara, y le pregunté: "Papi, ¿por qué tienes el hombro así?". Y me contestó: "Es que si lo bajo, me duele".

Finalmente lo llevé al médico, y después de varios exámenes comprobaron que el día que se había caído en el baño, unos meses antes, se había roto la clavícula. A pesar del diagnóstico, él no quiso decir nada a sus compañeros del teatro pues no quería que lo sacaran de la obra *La tempestad*, de Shakespeare, en la que yo había conseguido que trabajara con una compañía española. Esto sucedió muchos años después, a finales de la década de 1990, cuando vivíamos juntos en España, felices.

Estando en España, en uno de nuestros viajes juntos a La Habana acompañé a mi padre al dentista para que le hicieran una revisión, y ese día, como era gratis, se sacó todas las muelas con la anestesia caducada que ponen en Cuba, que no duerme ni a un borracho. Le quedó una pieza que nadie se la pudo arrancar: un colmillo con una raíz que parecía una mata de ceiba. No pudo sacarla el dentista que hasta del esfuerzo se abrió la muñeca. Vino otro dentista para sustituirlo, y tampoco pudo. No lo hizo ni el director de la Escuela de Estomatología de La Habana, que también lo intentó. Al final hubo que dejárselo y hacerle la prótesis con un hueco para el colmillo. Eso resultaba muy cómico porque cuando se quitaba la prótesis le quedaba aquel colmillo, solo en toda la boca. Él decía que era bueno porque le anclaba la dentadura. Lo contaba orgulloso y se quitaba la dentadura postiza y enseñaba el colmillo, tan solitario como aquella bandera que los americanos pusieron en la luna, y de la que los cubanos en aquel momento ni nos enteramos, porque ningún logro de los americanos podía salir en la televisión. Su colmillo quedó como un símbolo casi fálico, solo y erecto, símbolo de una salud temeraria.

Y con ese salvaje, con esa bestia que era mi padre, el innombrable decía que iba a pelearse. Todo era un farol, por eso lloraba aquel día en la estación de policía. No solo por lo que pudieran hacerle los policías, sino por lo que podía llegar a hacerle mi padre si los policías no lo impedían.

Mi padre sí era fuerte y valiente, por eso tuvo tantos problemas con el poder en Cuba, porque no se callaba. Su mayor problema fue con un tipo temible, el fiscal de la Revolución, el tristemente célebre comandante Papito Serguera. Este fue uno de los protagonistas del quinquenio gris, aquellos cinco años terribles que vinieron después del falso juicio y el mea culpa del poeta

Padilla. Cuentan que Fidel Castro puso una pistola encima del buró en la Biblioteca Nacional y dijo: "Con la Revolución todo y contra la Revolución, nada". Esto fue lo que dividió a la intelectualidad iberoamericana entre los que seguían apoyando a la Revolución y los que se bajaron del carro, como el escritor peruano Mario Vargas Llosa.

## 37

Esa etapa fue el paraíso del *bullying* nacional. Había incluso artistas "comprometidos con la Revolución" que salían a las calles, con tijeras, a cortarles los pantalones campana o los pelos largos a los artistas y jóvenes "desviados ideológicamente". En esa etapa terrible, a mi padre en una reunión se le ocurrió discutir con Papito Serguera. Por ese entonces, ya mi padre era un muy popular actor de comedia, que salía en los programas del género más famosos de Cuba. Y por ese enfrentamiento acabó sembrando café para no ir preso.

Mi padre estaba casado con Ada María Bello, aquella exprimera dama del carnaval de La Habana que terminó siendo oficial de la Seguridad del Estado. Y como Ada estaba dentro del "aparato", le dijo a mi padre: "Búscate un trabajo urgente porque te van a meter preso". Mi padre preguntó: "¿Por qué coño me van a meter preso? ¿Por decir que en las filmaciones no hay ni café?". Y Ada le aclaró: "No, porque te van a aplicar la Ley del Vago".

Le habían tendido una trampa. Lo expulsaron por indisciplina de la radio y la televisión y mi padre se fue a su casa. Pero el gobierno había emitido una ley contra vagos y maleantes, conocida como la Ley del Vago, con la que a todo el que veían sin trabajar por las esquinas, o andaba en algo en contra del gobierno, lo metían "pa adentro", "pal tanque". Mi padre no era un vago, siempre fue un trabajador incansable que amaba su trabajo. Pero ahora no tenía trabajo y estaban esperando que estuviera dos semanas sin trabajo para aplicarle esa ley y meterlo "pa adentro".

Al otro día de la conversación con Ada, mi padre fue corriendo al Ministerio del Trabajo a buscar trabajo. Pero ya su nombre estaba allí y no había ningún puesto para él. Solo había dos opciones: o cazar cocodrilos en la Ciénaga de Zapata o sembrar café. Era eso o ir preso.

Mi padre se pasó dos años en la agricultura viendo cómo su carrera artística y su fe en la justicia revolucionaria se iban a la mierda. Me imagino lo que debe de haber sufrido. Me comentaba años después: "Me di cuenta de que había sido un comemierda. Me había peleado con un comandante, y ahora me mandaba un guajiro analfabeto".

Y desde entonces perdió la fe en todo. Aunque no en todo. Encontró apoyo en otra fe, prohibida por la Revolución: la religión afrocubana.

En estricto secreto, una famosa actriz de comedia que se llamaba Natalia Herrera, y que además de santera era un alma de Dios, llevó a mi padre a un babalao, y le hicieron la ceremonia de iniciación que se conoce como La mano de Orula.

El día en el que te inician en esa religión, te entregan tu Elegguá y tus santos guerreros: Oggún, Ossaín y Ochosi y ya nunca más estás solo para guerrear en la vida. Mi padre, como hacían todos en Cuba en aquellos tiempos, se llevó sus santos a casa y los escondió en el fondo del escaparate. Muchos años más tarde y ya permitida la religión yoruba, un músico cubano escribió una canción que decía:

*Santa palabra lo que dice un dicho /*
*no escondas los santos o te harán el Juicio.*

Pero en los años de la década del 70, los santos sabían que tenían que estar escondidos si querían proteger a sus hijos de fe. De hecho, yo jamás vi los santos de mi padre en los veintiocho años que viví en Cuba. Mi padre me lo contó en el año 1994, cuando llegó a España, es decir, veintiséis años después. En esa conversación me enteré de que mi padre era santero, y que era hijo de religión de un santo yoruba llamado Argayú, y que para irse a España había ido a un santero famoso de La Habana para que le hiciera un "trabajo". Pero en los años posteriores a 1970, a pesar de todo lo que le había pasado, yo juraba que mi padre era revolucionario, comunista y ateo. Así de clandestina vivía la verdad en aquellos años en mi Habana.

## 38

Cuando a mi padre lo sacaron de repente de la televisión y la radio, empezó a correr el bulo de que se había ido para Miami. Y por esa razón yo sufrí el *bullying* "revolucionario" del barrio. Los chicos de la esquina me jodían diciéndome que mi padre era un gusano, un contrarrevolucionario. Yo les decía que eso era mentira, y ellos me respondían que era verdad, y que si lo habían botado de la televisión, seguro era maricón también.

Yo me fajaba o me iba a llorar solo a casa. Creo que fue esa la época que me dio por llorar todo el tiempo. No digo yo. Estaba rodeado por todas partes. Y mi madre decidió llevarme a un psicólogo del hospital Aballí.

Yo pasé mi infancia yendo a ese hospital. Allí siempre ingresaban a mi hermano con sus ataques de asma, y dos veces por semana nos vacunaban contra el asma y la bronquitis. Yo no tenía mucha bronquitis, la verdad. Pero me gustaba vivir lo mismo que mi hermano y nunca pedí que no me llevaran. De hecho, me gustaba toser con tos perruna para que pensaran que tenía más bronquitis. Creo que, al hacerme el enfermo, sentía que se compadecían de mí. Era una manera de acercarme al cariño de mi madre que el innombrable intentaba evitar.

Las consultas al sicólogo no duraron mucho, si acaso tres sábados. Me atendía en una habitación con muy pocas ventanas y llena de juguetes. Allí, junto a otros niños, me pasaba un par de horas jugando y, de vez en cuando, me hacían preguntas y me ponían a dibujar, para evaluarme. Yo decía y pintaba cosas raras porque quería que me diagnosticaran que estaba loco para que en mi casa me dejaran en paz, pero no lo hice bien, y a los pocos días me dieron el alta… y me frustré. Tenía muchas ganas de ser loco porque a los locos nadie les regaña ni les juzga. Para mí la locura era libertad. Desde entonces amo a los locos.

Recuerdo que en aquellas terapias había una chica muy masculina que se ponía guantes de boxeo y quería pegarle a todo el mundo. Era pelirroja y con el pelo muy encrespado y un cuerpo enjuto y fuerte como un varón. Me daba mucha pena porque seguro la estaban volviendo loca por ser lesbiana. Ser homosexual en esos años en Cuba era lo mismo que ser contrarrevolucionario. Una conducta desviada que había que cambiar, como fuera, con terapias, tratamientos psicológicos, electroshock, pastillas, porque no era tolerable. Y el *bullying* a los homosexuales, amparado por el gobierno, incluso impulsado desde el gobierno era criminal. Muchos chicos y chicas sufrieron horrores, y algunos, para no sufrir más, se suicidaron.

Justo al lado de mi casa había un chico rubio que era menor que yo y que era muy afeminado. Se pasaba todo el día en el pasillo de su casa, de aquí para allá, cantando una canción de Rocío Jurado: "Como una ola tu amor llegó a mi vida…". Por supuesto, los chicos del barrio y de la escuela le hacían *bullying*. Le decían maricón, mariquita, ganso, cherna, pato, yegua y todos esos apelativos con los que molestaban a los chicos que eran gay. Y, por supuesto, le pegaban.

La madre, temiendo que fuera gay lo llevo al sicólogo. No sé qué le hicieron, pero lo dejaron muy raro, como encartonado, como si en lugar de un ser humano fuera un robot. Después lo llevaron al foniatra, a la famosa doctora Odelinda Cárdenas, que trataba a los cantantes famosos. Y parece que la foniatra le trabajó los registros graves para que hablara con una voz más gruesa. Después la madre lo llevó al gimnasio para que cogiera músculos. Y sí, se empezó a poner muy fuerte. Cuando yo me fui a la beca y después de mi casa dejé de verlo un buen tiempo.

Años más tarde lo volví a encontrar y me dio mucha pena. Era un ser muy raro. Se había convertido en una bola de músculos y hablaba como un locutor de radio. Era como un Sylvester Stallone con la voz de Pastor Felipe, aquel mulato de voz engolada que a veces era locutor del programa de radio *Nocturno*. Cambiaron todo en él menos una cosa: aún seguía paseando por el pasillo y cantando: "Como una ola tu amor llegó a mi vida…". Una cosa muy rara. Pobre.

## 39

Pero si bien los guapos del barrio le hacían *bullying* a los homosexuales y a los más pequeños, había otra persona que los llevaba a ellos a "buchito de agua y a patá por culo". Y ese era el jefe de sector de la policía, un oficial que controlaba el barrio. Había algunos muy mentados, casi legendarios, como el Mexicano, que tenía los huevos de entrar en el barrio de La Güinera solo, con su moto sidecar, su perro pastor alemán y sus dos grandes cojones.

En el barrio de la Güinera donde no entraba ninguna autoridad. Donde los guapos le cambiaban los nombres a las calles para que la policía jamás supiera donde vivía nadie. Donde la gente se caía a tiros de ventana a ventana. Donde los guapos eran guapos de verdad y se fajaban con machetes. Como Lázaro Machete, que andaba siempre con sus zapatos blancos pintados con antina, y si, por un error, le pisabas los zapatos, tenías que fajarte con él a machetazos como los antiguos mambises. En mi niñez, los guapos interpretaban como una ofensa mayor que les pisaran los zapatos.

Pues a ese barrio llegó el Mexicano, un tipo grande y fibroso, de tez aindiada, pelo y bigotón negros, a poner orden como un *sheriff*, como un Henry Fonda en la película *Érase una vez en el oeste* de Sergio Leone, como un Wyatt Earp caribeño, pero en lugar de a caballo, cabalgando en una moto rusa marca Ural. Y no solo entraba, se paseaba por el barrio intimidando a todo el mundo, con sus huevos por delante como había hecho en otros barrios anteriormente. Aquella mezcla de *cowboy* y Pancho Villa era la ley de aquel barrio temible. Hasta que un día los guapos se cansaron y le dieron una "tranca", una paliza violenta, le mataron al perro y le quitaron la moto. Y se acabó la leyenda del Mexicano.

En mi barrio, que no llegaba al nivel de peligrosidad de La Güinera, pero tenía sus guapos mentados como Mantequilla, que un día con su caballo le pasó por encima al carro de la policía mientras les caía a tiros; o a Nelson el Cuervo, que vio la película *Los dacios* y organizó una invasión con lanzas contra otro barrio, en mi vecindario, el jefe del sector de la policía se llamaba Granda y le hacía *bullying* a los guapos.

Granda era un hombre blanco, pequeño, con cara de rana, y con una voz aguda y nasal, como de risa de hiena, que daba hasta gracia, a lo cual se sumaba un acento de campesino oriental que daba a todo el conjunto una apariencia grotesca. A primera vista, y primera oída, podría parecer un hombre insignificante, pero era un tipo temible. Paseaba por el barrio con su motocicleta rusa con sidecar como se pasea el león por sus predios, con absoluta confianza en su poder letal. Y los guapos más guapos del barrio le tenían miedo, porque ellos podían tener un cuchillo o una navaja, pero él tenía pistola y una celda donde los encerraba y los molía a palos con unos cuantos policías más.

Cuando el teniente Granda veía a alguno de sus delincuentes preferidos haciendo algo que le parecía sospechoso, paraba la motocicleta y se tiraba gritando: "Oye, oye", con esa voz aguda y nasal de hiena. "Oye, ¿qué tú haces que no fuiste hoy al trabajo?". "No teniente, es que estoy enfermo". "¿Enfermo de qué? A ver, enséñame tu certificado médico". "No teniente, no he ido al médico". "Pues o te vas al médico o te vas al trabajo". "Es que tengo fiebre". "¿Tienes fiebre?, déjame ver". Y él mismo le tocaba la frente. "Tienes fiebre, tienes fiebre, ¿no? ¿Quieres que te meta una buena pela para que veas cómo te pones caliente?".

"No teniente". "Mira, vístete y vete para el trabajo y que más nunca te vuelva a *vel* yo vagueando y caminando por la calle a esta hora". Aquel tipo que probablemente era un guapo mentado, que a lo mejor había estado hasta preso y tenía un historial de macho en la cárcel, y había apuñaleado y matado a otros, sin chistar entraba en su casa y se vestía. El teniente esperaba en la moto en la puerta de casa del guapo hasta que lo veía salir como un niño regañado camino a la parada de la guagua. "Y que no te vuelva a *vel* más a esta hora por el barrio. Hasta las cinco de la tarde no te quiero *vel* por aquí", le decía como si fuera el jefe de la mafia de un barrio de Nueva York.

Granda conmigo no se metía, hasta me trataba con afecto, porque yo era el nieto de mi abuela América y él la quería. Creo que la veía como una especie de madre porque sus padres estaban en el oriente de la isla. Y mi abuela correspondía a ese cariño. La verdad yo nunca lo entendí, pero sí, ella lo estimaba. Tal vez lo veía como un tipo íntegro que defendía a la Revolución. "Y sí, a veces se extremaba, pero era con los malos". Y esa era una ética aceptada en aquellos años de "con la Revolución, todo, contra la Revolución, nada". Y si algo era cierto, es que Granda no era cobarde. Y mi abuela, tampoco.

En aquel barrio todo el mundo respetaba a mi abuela, y eso que ella era pequeñita y nada violenta, pero lo hacían por su inteligencia y por su integridad. Mi abuela, así de pequeñita y noble como tú la veías tenía una dignidad más grande que el Pico Turquino y unos ovarios más grandes que la Gran Piedra.

Cuentan que una vez mi abuela estaba haciendo la guardia del comité. La guardia les tocaba a tres vecinos por día, el uno la hacía de 11:00 p.m. a 2:00 a.m., y los otros dos de 2:00 a.m. a 5:00 a.m., y mi abuela estaba haciendo la de 2 a 5, que era la más dura. La guardia consistía en estar un rato en una esquina y después ibas a la otra, y después volvías y así ibas cuidando toda la cuadra. Pues resulta que cuando mi abuela llegó a la esquina de Martí y Céspedes, donde se encontraba la bodega Los Cuatro Vientos, había un tipo robando y mi abuela le gritó: "Alto, ¿qué hace usted ahí?", y aquel hombre le sacó una pistola. Contaba Barbarita, que era una vecina de mi abuela de toda la vida, y que estaba con ella de guardia esa noche: "Y te puedes creer que América le fue para arriba a aquel tipo con pistola y todo, diciéndole, ¡si vas a disparar dispárame aquí, aquí en el pecho!". Y aquel tipo la miró un segundo y le gritó: "Vieja, ¡usted lo que está es loca!". Y se fue corriendo.

Mi padre siempre me decía: "Tú ves a tu abuela muy dulce y muy tierna, pero la vieja América es de armas tomar. Cuando yo era niño a veces mi mamá me llevaba a la escuela y en el bolso llevaba una pistola".

## 40

Mi abuela estuvo metida en las luchas del movimiento obrero contra Batista y nunca he sabido si alguna vez participó en alguna acción armada, pero sí recuerdo siempre que mi padre decía que iba con la pistola en el bolso como quien lleva un creyón de labios.

Mi abuela creía que ella era comunista porque quería que la gente tuviera buenas casas, salarios justos, escuelas para todos, hospitales públicos bien habilitados, vidas decentes. No quería mucho para ella. Viéndola con los ojos de hoy y con lo que nos ha enseñado la vida, creo que mi abuela no era comunista. Mi abuela era humanista.

La Habana, 12 de octubre de 1975
"Año de la Institucionalización"

Estimados amigos de Radio Praga:

Ya escribí mi redacción y se llama "Mi abuela".

Mi abuela nació en el año 1906, en una casa humilde de La Habana. Su madre se llamaba Domitila y era modista y, su padre se llamaba Julio y era tabaquero. Cuando mi abuela era niña sus padres se divorciaron y su padre se fue a vivir a Nueva York, donde era muy famoso con el nombre de Julio el Cubano.

La mamá de mi abuela se casó entonces con un barbero que se llamaba Ramón. A aquel barbero le gustaba tocar la guitarra y por eso a la casa de mi abuela iban a tocar guitarra y a cantar los más famosos compositores de la trova cubana, como Sindo Garay y Manuel Corona. Iban allí porque el barbero, que no era un gran músico, tenía un poco de dinero y los podía invitar a comer.

Mi abuela desde niña fue muy inteligente. Cuando solo contaba con seis años, un día le dijo a su padre: "Cuando el hombre sea capaz de vencer la presión atmosférica irá a la Luna". Y el hombre fue a la Luna poco más de cincuenta años después.

Mi abuela quería ser maestra, pero no pudo porque era muy pobre y tenía que trabajar para ayudar a su familia. Entonces, al igual que sus hermanas y su madre se hizo modista, pero mi abuela era una maestra, aunque no fuera maestra. Mi abuela nos enseña a todos, a su hijo, a sus nietos, a la gente del barrio. Muchos van a su casa a pedirle un consejo como si fuera un sabio. Y el Día de las Madres recibe tantas postales de felicitación que a mí me alcanza para regalar a todas mis tías, vecinas y amigas de mi madre y de mi abuela.

Mi abuela nació un 8 de octubre, pero no le gusta celebrar su cumpleaños ese día porque un 8 de octubre murió el Che Guevara y a mi abuela no le gusta que la gente piense que ella celebra la muerte del Che. Entonces, mi abuela celebra su cumpleaños el 12 de octubre, que además es el Día de las Américas y, total, cuatro días a quién le importa.

Mi abuela es la mejor persona que conozco del mundo, pero bueno tampoco conozco mucho del mundo. Quizás en Checoslovaquia hay una viejita tan linda y buena como mi abuela. ¿Podré conocerla? No lo sé. Todo depende de quien gane el concurso.

Espero que tengan un feliz día y que estén siempre muy alegres.

Revolucionariamente,
Alexis Valdés, un niño cubano

Lo que no puse en la carta es algo que pienso ahora. Que mi abuela no creía en Dios, pero creo que Dios sí creía mucho en mi abuela. Quizás una vez Dios le falló, cuando murió su segundo hijo, a los cien días de nacido. Ella le llamaba Panchito. No hablaba mucho de eso. Debió de ser un dolor demasiado grande como para estar sacándolo en una conversación a cada rato. Solo le quedó mi padre. Siempre decía: "Yo quise tener once hijos, y tuve a Pipo que vale por once".

Y a ese hijo lo adoraba. Y él a ella. Tiene que haber sido muy feliz cuando su hijo triunfó en la televisión y se hizo famoso. Y tiene que haber sufrido mucho cuando ese mismo hijo fue expulsado de la televisión y tildado de "gusano" por la Revolución que tanto quería y a la que le había entregado su vida. Quizás por eso un día le dijo: "Vete de aquí".

## 41

Tienes que ir a buscar esa carta —ella se refería a la carta de invitación que yo le había enviado a mi padre desde España, en 1994, a la Unión de Escritores y Artistas de Cuba——. No hay transporte, coño, dijo mi padre. No pasa la guagua, no hay taxis, no hay nada.

Y fue entonces cuando mi abuela le dijo aquella frase que él nunca olvidaría: "Si yo fuera tú, iba caminando, coño. Siempre quejándote y quejándote como una mujercita. Ve y busca la carta caminando". Y mi padre se encabronó tanto —odiaba caminar porque era gordo y sudaba mucho— que se fue caminando a buscar la carta, y gracias a eso pudo vivir en España conmigo.

Pero en 1976 nadie podía ir a la Unión de Escritores y Artistas a buscar una carta para irse a España. Era como ofender a la Revolución. En ese año, después de dos años de castigo en la agricultura, mi padre volvió a la televisión. Lo dejaron volver poco a poco. Pero como tenía tanto carisma se hizo popular enseguida. Lo pusieron a hacer el malo de la novela, pero lo hacía con tal gracia que se ganaba al público. Y como "perro viejo" de la televisión, siempre buscaba un latiguillo, una frase pegajosa que repetía la gente: "¿Me sigue?" o "Yo soy el hombre de los puerquitos". Una vez tuvo un latiguillo que era "justicia", pero se lo mandaron a quitar porque al parecer utilizar esa palabra en Cuba era subversivo.

Cuando mi padre volvió a la televisión yo lo supe por la gente del barrio. Yo no había visto mucho a mi padre en la televisión, porque el innombrable había vendido nuestro televisor. Dijo que era para comprar otra cosa, pero siempre supe que era para que mi padre no entrara en la casa ni por la ficción. Para poder ver a mi padre por el televisor, me iba corriendo a una casa que estaba al doblar de la esquina, donde vivía un chico con síndrome de Down, y allí veía el capítulo de la serie donde él actuaba. En mi casa no lo sabían, claro. Pensaban que andaba jugando por la calle.

También a escondidas, pasaba por casa de mi abuela cada mediodía antes de ir para la escuela. En mi casa me daban veinte centavos. Eso era poco. Diez para la guagua y diez para una croqueta, pero mi abuela me daba veinte más y podía tomarme una malta y hasta una empanada gallega. Ella siempre tenía preparada la peseta, que es la moneda de veinte centavos. No sé cómo podía guardar para mí esa moneda, porque solo ganaba sesenta pesos al mes, pero mi abuela era de esas personas que por poco que tengan, siempre les sobra.

Uno de esos días, al pasar por allí me encontré con mi padre. ¿O estaba esperándome? Me alegré mucho, como siempre. No lo veía con mucha frecuencia. Desde pequeño siempre fue así.

Dice mi hermano que uno de los recuerdos más claros que tiene de nuestra niñez es la voz de mi padre gritando: ¡Nelson…! ¡Aleeee! Lo gritaba desde el auto parado frente a la puerta de mi casa. ¡Nelson…! ¡Aleeee! Pero no nos dejaban salir a verlo. Mi hermano y yo veíamos desde la ventana a mi padre y a su mujer en un auto descapotable y con ropas muy glamurosas y siempre sonrientes, hasta que se iban. Un día mi padre nos dijo: "Si vuelvo a ir a tu casa y no los dejan salir, la próxima vez voy con la policía". Nosotros le respondimos que no, por favor, que no le hiciera eso a mi madre. Eso fue mucho antes de que fuéramos él y yo a la policía a denunciar al innombrable.

Ese día que me lo encontré en casa de mi abuela me cargó y me dio un beso. Siempre lo hacía y cuando era delante de la gente me daba vergüenza. Yo era casi un hombre. Tenía trece años e iba a comenzar noveno grado, el último de la enseñanza media. Salimos al patiecito posterior de la casa de mi abuela. Era un espacio pequeño de quizás seis metros de profundidad por diez de ancho. Era un lugar donde, desde siempre, yo había sentido mucha felicidad. Desde cuando no estaba cementado y allí mi abuelo Pepe tenía unas matas de plátano que eran su orgullo, y una mesa de trabajo con mil piezas y herramientas amontonadas, que para mí eran la ciencia del mundo. Mi padre me dijo: "¿Quieres irte a una beca?". Y yo me puse tan feliz. Iba a ser LIBRE. Y sin pensarlo le dije que sí.

## 42

Ya en 1973 yo había intentado irme a una beca para huir de mi casa. Tenía diez años y estaba en sexto grado, acabando la educación primaria. Y existía la posibilidad de hacer la secundaria en una beca. Por ese mismo año, dio la casualidad de que, frente a mi casa, se mudó un señor muy elegante, un hombre alto, de cara agradable, pelo bien cortado, traje y portafolio, que nos dijeron que era el director nacional del plan de becas del Ministerio de Educación. Había venido a vivir con una vecina llamada Teresa, que era divorciada y que tenía tres hijos: dos varones, uno rubio y otro trigueño, y una niña rubia más chica.

Aquel señor, al que desde el primer día todo el barrio miraba con admiración y respeto, empezó a ganarse el cariño del barrio repartiendo unas planillas para optar por diferentes becas en toda la geografía del país. Y yo no sé por qué, elegí una beca del INDAF, que era algo así como el Instituto Nacional de Asuntos Forestales. Es decir que yo estudiaría algo relacionado con los bosques y la madera. Me daba igual, el tema era salir de la casa y del innombrable.

Era el mes de marzo. Lo recuerdo bien porque en marzo es el cumpleaños de mi hermano, y como nunca nos hacían fiesta, aquella planilla la interpretamos como un regalo, porque ahora los dos estaríamos becados. Mi hermano en la escuela Lenin y yo en el INDAF. En septiembre me iría a aquella beca que quedaba en Pinar del Río, a unos 200 kilómetros de La Habana. En solo seis meses ya sería libre como mi hermano.

Pero resultó que una mañana todo cambió drásticamente. Llegaron dos autos de policía y sacaron a rastras a aquel hombre en pijamas. Como él pataleaba y se reviraba, un policía le dio un culatazo con la pistola que le partió el cráneo. Un chorro de sangre le cubrió la cara y le manchó la camisa blanca. Nadie salía de sus casas, pero todos estábamos indignados. ¿Por qué le hacían eso a ese buen señor? Incluso alguien se atrevió a gritar ¡abusadores! desde una ventana. Uno de los policías miró, buscando la procedencia del grito, pero no descubrió nada. Metieron sangrando al hombre en el carro Alfa Romeo y se lo llevaron. Todos nos quedamos consternados.

Al día siguiente se supo toda la verdad. Ese hombre no era el director del Plan Nacional de Becas. Ni siquiera era maestro sino un prófugo de la justicia. Un timador profesional que había cambiado de identidad y se había inventado aquella personalidad.

También nos enteramos de que aquel tipo torturaba a aquellos chicos con los que vivía —otro abusador más—. Cuando consideraba que se portaban mal, los hacía arrodillarse durante horas con granos de garbanzos debajo de las rodillas, y no les permitía moverse ni llorar. O les obligaba a permanecer de pie con las manos llenas de libros, igualmente durante horas. Pero ni los chicos ni la madre nunca dijeron nada. Quizás por miedo. Quizás porque pensaban que el hombre era un poco recto y nada más. El abuso era algo muy aceptado en aquellos tiempos. Jamás dijeron que era un sádico y un loco.

Siempre en la cabeza se me quedaron unas preguntas: Y ¿adónde pretendía llevarnos aquel loco cuando llegara septiembre? Si aquellas planillas eran falsas, como evidentemente lo eran; si aquellas becas seguramente ni existían, ¿a dónde nos iba a llevar? ¿Qué pretendía hacer con nosotros? Creo que por suerte nunca lo sabré.

Pero en el año 1976, cuando ya casi ni me acordaba de aquel episodio, mi padre me preguntó si quería ir a una beca. Viendo una nueva oportunidad de librarme del torturador de mi casa, ni lo dudé.

## 43

Mi padre me llevó en el auto de un amigo a la escuela, que se llamaba Jorge Dimitrov, como el héroe búlgaro. Estaba en Caimito de Guayabal, a veinticinco kilómetros de La Habana. Era una ESBEC (Escuela Secundaria Básica en el Campo). Pasabas toda la semana lejos de tu familia y el sábado te daban un pase para ir a tu casa. Dormías esa noche allí y el domingo, a las cinco de la tarde, te recogían en un punto, junto al resto de los chicos, para regresar a la beca.

Las becas no eran un lugar muy recomendable para la educación de un adolescente. Aprendíamos a fumar, a robar, a beber, a fugarnos, a pelear. Los profesores, que debían cuidarnos, y que eran un poco mayores que nosotros, no se interesaban mucho en nuestra educación. Vi cosas tremendas en esas becas. Vi como a un chico le prendieron candela porque no quiso limpiar los baños. Vi a uno al que le decían el Muerto, porque andaba medio zombi de una paliza que le habían dado con tubos de aluminio por haber chivateado a otro en la asamblea de la juventud comunista. Había muchos chicos que hacían *bullying* con la total permisividad de los profesores. Y había chicos que sufrían mucho, que eran maltratados, humillados, vejados, a diario. También vi a algunos hijos de dirigentes del gobierno, que como sus padres tenían mucho trabajo, no tenían tiempo de ocuparse de ellos. Otros eran diplomáticos y dejaban a sus hijos allí a la buena de Dios. Nunca lo entendí. Quizás no les contaban a sus padres para no parecer débiles, para no perder el aprecio de ellos. La Revolución no aceptaba a los flojos. En cambio, para mí la beca sí fue algo bueno. Salí de mi casa y tuve más independencia. Y me volví un ninja.

Además, la directora de la beca a la que me llevó mi padre era mi tía Farah. En realidad, ella era una prima de mi padre. Una mulatona gigante y jovial que tenía una gran sonrisa. La pena es que la tía duró muy poco en el puesto y me quedé en esa escuela librado a mi suerte. Rápidamente aprendí a sobrevivir en aquel mundo de fieras. Era duro, pero no más que mi casa, por tanto, jamás me quejé por estar allí.

En Jorge Dimitrov cursé el noveno grado. Me volví un aventurero. Odiaba las labores agrícolas y me fugaba todos los días. Iba al pueblo cercano o hasta la playa El Salado, que quedaba bien lejos. Pero el objetivo era fugarse y ser libre.

Recuerdo que un sábado me quedé sin pase por una indisciplina, y en la escuela escuché por la radio que habían derribado en Barbados un avión de la compañía Cubana de Aviación, donde habían muerto sesenta y tres personas. Fidel Castro, en un acto multitudinario en la Plaza de la Revolución, dijo: "Cuando un pueblo enérgico y viril llora, la injusticia tiembla", y todos nos aprendimos aquella frase de memoria. Fue un día muy triste para nosotros. Lo sentíamos como algo personal. Todo lo que afectaba a la Revolución era como si le pasara a nuestra madre.

Para quien sí fue un día terrible fue para Moraima Secada, una gran cantante cubana del movimiento *feeling*, que perdió a su esposo, Chany Chelacy, que era parte de la tripulación del avión y también compositor. Dicen que ella nunca lo superó. Era el amor de su vida. Él le escribió a ella la canción "Depende de ti". Cuando yo la conocí ya ella estaba alcoholizada y cantaba con el alma, como nadie. Hasta se daba golpes en el pecho y le vibraba aquella voz temblorosa de haber sufrido tanto. Un día coincidí con ella en un programa de la televisión y llevaba en el escote un biberón de bebé con ron. Pobre. Muchos años más tarde su sobrino, John Secada, se convertiría en Miami en una estrella mundial y grabaría un disco en homenaje a la Mora, como le decían sus amigos del ambiente musical.

## 44

Al terminar la secundaria básica, pasé a otra beca muy cerca de la anterior, en el nivel preuniversitario. Allí conocí a Gregorio Candelario, el tipo que cambió mi vida estudiantil.

Gregorio el Greco era un viejo becario. Toda la vida la había pasado fuera de su casa y se las sabía todas. Él me tomó afecto. Lo primero que hizo fue ponerme a hacer ejercicios: planchas, barras, abdominales, no era buena idea ser un gordito en la beca. Había que estar fuerte. Y como yo tenía un cuerpo agradecido, en seis meses ya estaba más fuerte que él. Era una locura deportiva. Hacíamos cien planchas de un tirón, ochenta abdominales y barras con una sola mano. Y las mangas de nuestras camisas azules casi se reventaban con nuestros bíceps y tríceps.

En la beca me aficioné a la práctica del deporte. Hacía ejercicios físicos todo el día. Llegué a tener una fuerza física de la que yo mismo me sorprendía. Podía tirarme desde un tercer piso deslizando mis manos por un cable, como un ninja. Y no me hacía daño. Lo hacía con frecuencia, cuando nos ponían a estudiar obligatoriamente en las tardes algunas materias que ya yo me sabía, porque eso sí, siempre tuve una memoria fotográfica. Aún recuerdo los teléfonos de mis mejores amigos de aquella época y han pasado más de cuarenta años: Michael, 32 66 41; Wanda, 41 32 31; Cari, 40 80 45. Tenía la capacidad de recordar páginas enteras de libros, y por eso me llevaron a concursos provinciales de Biología y de Física.

En la escuela éramos dos Alexis. El otro era un chico modelo, y cuando ponían los resultados académicos de toda la escuela en unas pizarras, y aparecía un Alexis que siempre estaba en los primeros puestos, todo el mundo pensaba que era el otro; pero era yo, que como quería ganar una carrera científica en el extranjero, me esforzaba por sacar las mejores notas de la escuela. Incluso en el último y decisivo año llegué a los extremos de tomar el riesgo de hacer otra vez una prueba, revalorizar se le llamaba, cuando en la prueba anterior había sacado 95 de 100. Pero yo sabía que podía sacar los 100 puntos y volví a hacer la prueba. Así llegué a tener el quinto puesto de toda la escuela, lo cual era una hazaña teniendo en cuenta que, al mismo tiempo, era el más indisciplinado. Junto con Gregorio y nuestro tercer compinche, un tartamudo llamado Michael, siempre estábamos haciendo locuras y fugándonos, y varias veces estuvimos a punto de que nos expulsaran.

Por aquellos tiempos me pasó una cosa muy rara. En realidad, no sé si me pasó o la soñé. Me dio por practicar salto largo, y me iba solo, cuando estaba anocheciendo, a la parte trasera de la escuela, que era por donde íbamos para el campo. En aquel caminito de tierra, al costado de un cultivo de fresas de las que no podíamos ni probar, porque eran para vender en el extranjero, entrenaba mis saltos. Tomaba impulso, emprendía una corta y súper rápida carrera, después me elevaba y trataba de mantenerme el mayor tiempo posible en el aire, haciendo una bicicleta con los pies. Cuando sentía que debía caer, echaba mis piernas hacia delante y la cabeza hacia atrás, para tratar de llegar lo más lejos posible, y al final aterrizaba. Con ese salto caía al suelo con el borde de los talones y las nalgas, desplazándome un poco más y levantando una nube de polvo que, al caer la tarde, se veía tornasolada.

Un día, cuando ya llevaba varias semanas entrenando —y esta va a ser la primera vez que lo cuente en la vida—, tenía un ánimo especial. Me había pasado toda la mañana y la tarde pensando y deseando el salto de la noche. Estaba concentrado en ello como si fuera un atleta olímpico. Ese día especialmente, me sentía fuerte para saltar. Sentía una excitación y una comezón en mi estómago, unidas a una inquieta felicidad.

Me fui solito como siempre al caminito de los saltos y allí calenté un poquito mis piernas. El sol ya estaba cayendo por el fondo del pueblo de Capellanía. Era un sol entre rojo y anaranjado, que dejaba la luz suficiente para hacer algo sin ser demasiado visto. Era una tarde mágica, y pensé: "Es ahora o nunca". Me concentré mientras calentaba los tobillos y las rodillas, di unos salticos de prueba, marqué el punto de salto con una piedra que encontré al borde del camino, y me dije a mí mismo muy bajito: un, dos, tres. Y emprendí mi carrera de impulso con toda la velocidad, la concentración, el equilibrio y la fuerza que la naturaleza había creado para mí.

Aquel día fui una flecha. Al tiempo que corría y aumentaba la velocidad con una capacidad que a mí mismo me sorprendía, empecé a sentir un vértigo, como un miedo de lo que yo podría llegar a hacer. Sabía que no era un día más: era el día. Llegué a la piedra. Pisé justo al lado para que la piedra no me hiciera perder ni un poquito de equilibrio y salté. Me elevé como a un metro y veinte del suelo y me mantuve volando —no tengo otra palabra para describirlo— por un tiempo que a mí me pareció larguísimo, y que yo llené pensando que iba en una bicicleta aérea. Seguí volando con aquel impulso descomunal que traía. Tuve incluso tiempo de mirar hacia los lados, ver la escuela, el campo, el sembrado de fresas, verme a mí mismo volando, oler las fresas, todo eso mientras el tiempo se estiraba como decía Einstein. En fin, tuve la sensación de felicidad más hermosa de mi vida. Supongo que sentí lo que siente un atleta al romper un récord mundial. Hubiera deseado que Gregorio, Michael, la chica que me gustaba, que se llamaba Greta, los grandes deportistas de la escuela y los profesores, hubieran estado allí y me hubieran visto hacer este acto mágico, esta proeza que después nadie me creería cuando la contara, pero estaba inmensamente solo, y solo el campo me veía. Pensé que al caer me rompería los pies, las manos o la boca. Me asusté de mí mismo y ya no quise volar más. Y me dejé caer al suelo.

Resbalé como nunca y levanté tanto polvo como si en lugar de un salto hubiera pasado por allí un camión. Me quedé un momento tirado en el suelo. Ahora venía el momento decisivo: mirar hacia atrás y ver cuánto había saltado. Lo pensé un momento, no quería decepcionarme ni asustarme. Volví la cabeza y vi donde estaba la piedra. La piedra estaba tan lejos como nadie lo había hecho. Había volado. Podía volar. Pasar tiempo en el aire pedaleando en la nada a un metro y pico del suelo. Pero cuánto tiempo podía estar en el aire. ¿Cuál era el límite? ¿Cuál era mi propio límite físico? ¿Y si podía saltar aún más lejos? ¿Y otro día aún más lejos? ¿Hasta dónde podría llegar? ¿Y si el esfuerzo era tan descomunal que sobrepasaba mi límite físico y se me gastaba la vida en el aire? Me asusté. Días después intenté repetirlo. Intenté mostrárselo a mis amigos, pero nunca más pude hacerlo porque ya tenía miedo y no se puede volar con miedo.

## 45

Gregorio, Michael y yo éramos lo peorcito del plantel. Robábamos comida en el almacén y frutas y pollos a los guajiros. Una vez nos metimos en una casa que decían que era de Fidel y donde había una elegante mesa de billar. Nos descubrieron y cuando estábamos huyendo, nos dispararon. Al sentir el disparo me tiré al suelo en el medio del campo. La hierba me cubría. Creo que estuve tirado ahí más de dos horas, hasta que anocheció, y después, muy despacito, cagado de miedo volví a la escuela. Todo aquello nos divertía.

Hasta nos dio por celebrar la Navidad, que estaba totalmente prohibida. Según el gobierno revolucionario era un rezago del capitalismo ya erradicado de la sociedad socialista, y la consideraban diversionismo ideológico. Pero nosotros éramos unos rebeldes y dijimos: "Pues nosotros vamos a celebrar la Navidad". Nos pusimos de acuerdo. Hicimos un plan. Robaríamos gallinas de las casas de los mismos guajiros hijos de puta que nos hacían trabajar. Los instructores de campo de la escuela que eran unos cabrones y unos chivatos. Guardaríamos las gallinas en un lugar del monte que solo nosotros conocíamos, cerca del río de Capellanía. Capellanía era un pueblecito de muy pocas casas, una tienda y un río adonde nos fugábamos casi a diario a bañarnos y jugar. Otra parte de nuestro plan incluía traer de nuestras casas arroz, frijoles, especias y algo de beber. Esta vez los participantes de nuestra celebración navideña éramos Gregorio, Michael, Maraña, Celsito y yo.

Robar los pollos era muy complicado, porque esos pollos eran medio salvajes y volaban que parecían palomas, y teníamos que correr detrás de ellos. Los emboscábamos. Uno por aquí y otro por allá y al final alguno agarrábamos. Muchas veces nos caíamos al suelo de la risa y el pollo se escapaba. Logramos coger cuatro pollos, pero queríamos uno más. Uno para cada uno para así tener una Navidad abundante. La primera que íbamos a vivir en quizás diez años.

Pasamos por una casa muy bonita y arreglada. Se veía que los que vivían ahí tenían dinero… y pollos. Cruzamos la cerca de alambre de púas con sigilo. Nos acercamos al gallinero. Había un pollo cockney hermoso. Gregorio lo fue a agarrar y el pollo se movió rápido y chocó con una gallina que estaba durmiendo. La gallina se despertó y empezó a armar un escándalo. Había que irse rápido de ahí. De pronto, sentimos el galope de un caballo. Echamos a correr, pero alguien ya estaba ahí, justo detrás de nosotros. Era el Zorro.

El Zorro era un guajiro instructor de campo que al parecer estaba obsesionado con el personaje del justiciero. Siempre vestía de negro, con botas negras, sombrero negro, caballo negro, y en la mano llevaba un látigo negro. Al verlo nos cagamos. Tratamos de correr a toda velocidad, pero el campo estaba arado y los pies se nos hundían en la tierra. Creo que el Zorro sabía que nos tenía cogidos, por eso no se apuraba, más bien jugaba con su caballo, que se ponía amenazadoramente en dos patas. Yo me volví en un momento, y al ver aquella bestia elevada a todo lo que daba su tamaño, me cagué de miedo. Eso me hizo perder el control y me caí. Ahí perdí tiempo y quedé de último. Me incorporé y medio corriendo y gateando llegué hasta la cerca, la subí encajándome las púas en las manos, la barriga y el pecho. El Zorro me dejó, y cuando ya estaba saltando al otro lado, justo en el momento que mi cuerpo estaba casi horizontal sobre el alambre, y mi espalda sin camisa se ofrecía al sol, me descargó un tremendo latigazo en el lomo que me tumbó.

En ese momento sentí como si me hubieran quemado con un soplete. Seguí corriendo como un loco, presa del pánico. Pensé que me había seguido, pero no. El Zorro se quedó del otro lado de la cerca, mirándome huir y sabiendo que nunca más entraría en sus dominios. Yo seguí corriendo y no paré hasta que llegué a mi albergue y me tiré en la cama con la espalda ardiendo. Habré corrido un par de kilómetros, pero traía una adrenalina que podía haberle dado la vuelta a Cuba entera dos veces.

Esa noche fue terrible bañarme y dormir. La espalda me quemaba. Pensé en los pobres esclavos a los que les daban latigazos, y no uno, sino cincuenta o cien. Y me sentí un poco así. Un cimarrón. Un esclavo rebelde que no acataba las normas y se fugaba y creaba su propia ley. Y aunque me dolía la espalda, me sentía feliz conmigo mismo. Estaba perdiendo el miedo. Y de qué manera.

## 46

En aquellos años en la beca gané mucha confianza en mí mismo. Y también gané algún enemigo peligroso y con poder. Siempre me ha pasado a lo largo de los años. Creo que mi dura niñez creó en mí una rebeldía tan grande contra el poder, que me ha limitado mucho a la hora de relacionarme con hombres que tienen un poder de decisión frente a mí. Siempre he preferido enfrentarlos que bajar la cabeza.

Me pasó con el director de la beca. Fue un enemigo mortal. Yo no pude estudiar en el extranjero porque él no quiso. Se llamaba Orlando Bosh Salado y era un tronco de hijo de puta. Era un tipo de apariencia desagradable, con un cuerpo de tapón y una barriguita cervecera. Su piel era pecosa, como de albino, y su pelo medio rojizo parecía un estropajo. Era un tipo temible —militante del Partido y oportunista como muchos— que dirigía la escuela con técnicas fascistas. Todo el mundo le temía porque le gustaba hacerse temer. Era como el hombre perfecto, intransigente e implacable. Un día lo quitaron de director porque descubrieron que faltaba todos los jueves diciendo que estudiaba Física en la universidad, cuando en realidad hacía dos años que lo habían expulsado por bajo rendimiento académico. Además, se robaba la comida de los estudiantes, y tenía en su cuenta alguna que otra fechoría más. Pero en esa época en Cuba nadie decía la verdad; y ahora, tampoco.

Aquel tipo nos odiaba, a Gregorio, a Michael y a mí, y todo fue porque un día nos cogieron fugados a varios kilómetros de la escuela, y él pretendió hacer de nuestra indisciplina un escarmiento público. Reunió a toda la escuela en el teatro, y mientras toda su camarilla estaba sentada solemnemente en el escenario, como en los juicios de Stalin, nos hizo pasar a los tres. Era lo que llamaban una asamblea comunista o, en otras palabras, una reunión para masacrar públicamente a las personas. "Alexis Valdés Gutiérrez, Gregorio Candelario Madariaga y Michael Rodríguez Simbaco, suban al escenario". Los tres subimos muertos de miedo. Toda la escuela nos miraba y nosotros los mirábamos a todos. Y preguntó aquel Stalin de La Habana Vieja, aquel Torquemada caribeño: "¿Qué hacían ustedes en horario de trabajo a cuatro kilómetros de la escuela?". Los tres nos quedamos en silencio. Un silencio largo y pesado que no sé cuánto duró ni cuánto pesó, pero fue enorme porque no teníamos respuesta para aquella pregunta. Era lo que los americanos llaman una *lose-lose situation*; no había manera de ganarla. De repente, Gregorio, que era un perro viejo de las becas, se sacó de debajo de la manga una respuesta única, milagrosa, que lo cambió todo: "Fuimos a buscar romerillo para la abuela de Michael, que tiene cáncer".

Fue la respuesta más ingeniosa del mundo. No solo nos justificaba, sino que nos hacía ver como unos héroes y además les tocaba el corazón a todos los presentes. Le jodimos el *show* al director, y la ceremonia inquisidora se le convirtió en burla y nos odió para siempre.

Un día, el director me llamó a la dirección. Siempre que lo hacía yo me moría de miedo porque siempre había hecho algo que podía ser un motivo para que me expulsaran de la escuela. Y si en doce grado te expulsaban de la escuela, eso te imposibilitaría de terminar la enseñanza media en cualquier otra escuela, y te mandarían al servicio militar. Yo sabía que, con mi carácter rebelde e indisciplinado, en el servicio militar terminaría preso. Además de que perdería mi posibilidad de ir a la universidad y, aún más, mi posibilidad de ir a estudiar al extranjero, a alguno de aquellos países socialistas cerca de Polonia, adonde ya, el año próximo, se iría mi hermano.

Entré en la dirección y él tenía un papel en la mano que parecía una planilla. Me la mostró y me dijo: "¿Tú llenaste esta planilla?". Entonces la reconocí: era una planilla que yo había llenado para solicitar una beca para estudiar ingeniería petroquímica en Rumanía. Le dije que sí, y me preguntó si quería estudiar en los países socialistas. Le respondí que era lo que quería, y me dijo con ironía, como saboreando cada palabra: "¿Sabes que allí mandamos a los mejores estudiantes de Cuba? ¿A los que mejor pueden representar a nuestra patria?".

Yo no captaba su intención, pero le dije: "Sí, yo soy el número cinco del escalafón". Él seguía tranquilo, como la serpiente ante el ratón, y luego de eso me dijo: "Eso lo sé, pero no solo eso es lo que importa, también importa la actitud". Y ahí me hizo una demostración de actitud: "Mira lo que hago con tu planilla". Delante de mis ojos la rompió en pedazos. "Tú jamás vas a ir a estudiar al extranjero, porque yo no lo voy a permitir".

El llanto acudió en masa a mi garganta, pero a la altura de los ojos aguanté como un macho. No le iba dar esa satisfacción. Di media vuelta y cuando di el primer paso para salir de la oficina, ya estaba llorando. Sabía que aquel tipo me estaba separando de mi hermano. O eso creía yo.

Unos tres o cuatro años después de aquella tarde en que el director rompió mi planilla y mis sueños, ese mismo hombre llegó al Cabaré Pinomar, donde mi padre hacía un *show* muy bonito que se llamaba *El amor en todos los tiempos*. Era una gran producción de las que se hacían en Cuba en aquellos años pensando en el turismo extranjero, pero en realidad el cabaré se llenaba de cubanos. Era muy difícil conseguir una mesa en alguno de aquellos cabarés. Había que tener dinero para sobornar al portero o al *maître* o algún capitán de salón. Todo el mundo quería entrar.

Pues mi exdirector —aquel cabrón— se apareció en la puerta y preguntó por mi padre. Mi padre lo había conocido en algunas ocasiones en que había tenido que ir a la escuela para que no me expulsaran y acabara en el servicio militar o preso. Delante del director, él siempre me echaba una bronca: "Parece mentira, un joven formado en la revolución socialista, en una casa revolucionaria, y bla, bla, bla". La primera vez, al salir con mi padre de la dirección, caminamos hasta el auto muy serios, y yo empecé a llorar. Mi padre me miró y me dijo: "Ah, ¿pero te creíste todo lo que yo dije allá dentro? Ay, chico, cágate en su madre, si yo era peor que tú". Entonces supe que, de verdad y como siempre decía, no era mi padre sino mi amigo.

Pues aquella noche en el Cabaré Pinomar, mi padre se apareció en la puerta y el chino portero le dijo: "Señor Valdés, aquel señor preguntó por usted". Mi padre lo miró, pero no lo reconoció de inmediato y el otro le dijo: "Leonel, ¿no te acuerdas de mí? Soy Orlando, el director de la escuela de tu hijo Alexis".

El exdirector venía con su mujer y dos parejas más. Mi padre lo miró bien y entonces le dijo: "Ah, sí coño". El director y sus amigos sonrieron aliviados. Y mi padre continuó: "Claro, coño, cómo me voy a olvidar, si tú eres el hijo de puta que me quería joder a mi hijo. Cómo me voy a olvidar de ti. Es más —y se volvió al chino portero—, si este mamalón entra en el cabaré, yo no actúo".

Dio media vuelta y se fue dejándolos fríos. Así era mi padre.

## 47

La Habana, 24 de diciembre de 1975
"Año de la Institucionalización"

Queridos amigos de Radio Praga:

Supongo que no habré ganado el concurso porque ha pasado mucho tiempo desde que envié mi redacción, pero no estoy triste. Bueno, sí, un poco, porque me hubiera gustado mucho conocer Checoslovaquia, pero también estoy un poquito alegre porque sé que habrá otro niño que irá y que además hará feliz a sus padres llevándolos con él.

Si algún día se les ocurre hacer otro concurso no se olviden de mí, que quiero volver a participar. Yo soy muy bueno en los concursos. Acabo de ganar el concurso municipal de Biología, y en dos meses iré al concurso provincial y creo que lo ganaré también, porque me estoy aprendiendo el libro de biología de memoria.

Les deseo que tengan un feliz fin de año y que el año próximo se les cumplan todos los sueños y propósitos.

Revolucionariamente,
Alexis Valdés, un niño cubano

## 48

Mi hermano y yo nos fuimos de casa de mi madre en 1978.

Era sábado, el día que nos daban el pase en la beca. Llegué a casa de mi madre. Serían como las tres o cuatro de la tarde. Realmente era muy poco tiempo del que disponía. Lo que hacíamos cada semana era llegar a casa e ir a visitar un rato a mi abuela. Al volver a casa, nos bañábamos y vestíamos y nos íbamos para la mejor fiesta de jóvenes de La Habana, que casi siempre eran las de los chicos de la escuela Lenin, donde estudiaban los "hijos de papá". Allí estaban, incluso, los hijos de Fidel.

Y aquellos "hijos de papá" eran los que tenían las buenas casas y los recursos para aquellas fiestas de los sábados en las mansiones de Miramar o Nuevo Vedado. Mi hermano y yo nos paseamos todas las casas de los ministros y generales en aquellos sábados. Menos la de Fidel y Raúl, que eran prohibidas, fuimos a todas las demás. Y en un momento de la fiesta llegaban unos autos Alfa Romeo. Se bajaban unos tipos grandes dirigidos por uno al que llamaban El Sombra, revisaban toda la casa, y después llegaban los hijos de Fidel, o el Fifo, como le decían. Alex, Alexis, Alejandro, Antonio. Y se armaba el cuchicheo: "Son los hijos de Fidel. ¿Cuáles? Esos. ¿Cuáles? ¡Coño, mira, ese grandón que se le parece! Ese es Alex, y el de al lado es Alejandro", y así seguían los comentarios. Y el dueño o la dueña de la fiesta se sentía importante porque en su casa habían estado los hijos de Fidel. Todos bailábamos música americana, Roberto Carlos y José Feliciano, todo lo que no se escuchaba en la radio y en la televisión en Cuba porque estaba prohibido.

Pues aquel sábado cuando llegué a mi casa no vi a mi hermano. Le pregunté a mi madre dónde estaba y ella me dijo que se había ido. Pregunté adónde y me respondió que a casa de mi abuela. Estaba llorando. Cuando le pregunté qué había pasado me dijo que habían tenido una discusión porque mi hermano tenía una foto de mi papá y él se la rompió. "¡¿Le rompió la foto de mi papá?!", dije. Y ella contestó: "Sí. Y tu hermano se fue de la casa".

Mi madre y yo nos quedamos mirándonos un momento. Nunca vi a mi madre tan triste y desvalida. Su mirada era quizás una pregunta: ¿Y qué vas a hacer tú? O quizás una súplica: No te vayas tú también. No me abandones, hijo.

Otra vez me veía ante la misma disyuntiva de aquella tarde en la estación de policía. Otra vez me enfrentaba a la elección más difícil de mi vida: ser fiel a mi madre o a mí; quedarme allí o salvarme. Aquel día aposté por mí, y dije: "Si mi hermano se fue, yo también me voy". Volví a cargar mi maleta y me marché para siempre.

Me imagino cuán destrozada debe haber quedado mi madre. Tengo que hablar con ella sobre ese día. Hacerlo será una terapia, más para ella que para mí. Han pasado más de cuarenta años y aún me pregunta si la perdono. ¿Y qué tengo yo que perdonar? Hizo lo que pudo. ¿Acaso le pido yo que me perdone por haberla dejado ahí, en ese infierno, aquel día? Todos hicimos lo que pudimos.

## 49

El otro día hablaba con mi hermano y le contaba que estaba escribiendo esta historia. Me dijo varias cosas significativas; una de ellas fue que nunca mencionara el nombre de ese tipo en el libro. "Eso ya lo tengo claro. Nunca lo menciono", le dije. "Coño, estamos siempre en frecuencia", me respondió.

En realidad, nunca lo hago. Ese nombre aún se me espesa en la boca. En mi vida adulta pocas veces lo he dicho. Es un nombre que ni siquiera se queda en la boca, sino que se mete hacia el estómago o hacia el pecho. Es una sensación extraña. Incluso me es incómodo relacionarme con otra persona que tenga ese nombre. Lo raro es que no lo odio, a pesar de que destruyó mi niñez. Nunca pienso en él.

En aquella conversación con mi hermano, él también me dijo: "Por muchos años culpé a mami por lo que nos pasó, pero ahora que se sabe más sobre estas cosas y lo que sufren las mujeres que viven con estos bestias, que están todo el tiempo aterradas, me he dado cuenta de que mami era una víctima, como nosotros". "No tengo ninguna duda. Todos éramos víctimas, incluso él". Y entonces mi hermano dijo secamente: "Murió como un perro". A mí eso me sonó muy fuerte. ¿Será que lo he perdonado? Para cerrar, mi hermano sentenció: "Nos hizo más fuertes". Y yo le respondí: "Seguro".

## 50

Ese día de 1978, mi hermano y yo nos fuimos a vivir para la casa de mi abuela, y allí pasamos los años más felices de nuestra adolescencia. Creo que de nuestra vida. Primero, fuimos LIBRES. Así con mayúsculas. Qué felicidad tan grande. Hacer lo que nos daba la gana sin tener a un cabrón vigilándonos a cada momento y saboteándonos a cada paso. Fueron dos años hermosos. Nos íbamos siempre a todos los *shows* de mi padre, que en su mayoría eran fiestas laborales.

Por aquellos años los artistas hacían las llamadas "actividades", que no eran más que un *show* que los artistas, "trabajadores de la cultura", "obreros del arte", llevaban a los centros de trabajo. Por aquellas actuaciones no recibían dinero, sino que ganaban en especies. De todo, zapatos en la fábrica de zapatos, perfumes en la de perfumes, y en las empresas agrícolas o de gastronomía todo tipo de comidas y productos. Recuerdo que un famoso cantante me dijo una vez: "Mijo, somos los mambises de la cultura. Esto es al machete".

Mi padre tenía una brigada —la palabra "compañía" estaba prohibida porque era capitalista—, y en aquella brigada estaban los mejores cómicos y actores de la televisión y la radio de Cuba. Yo me aficioné a aquel tipo de arte popular y repentista. En el mismo autobús en el que íbamos a las actividades, los cómicos se ponían de acuerdo en los *sketch* que iban a hacer. Algunos ya eran clásicos y todos los conocían, como *La flor de los tres pétalos*, que venía del teatro vernáculo, o quizás de antes, de los cómicos de La Legua de España. Siempre iba un declamador que ponía la parte de la emoción, como aquel Ignacio Valdés Sigler, dueño de una voz hermosa, que recitaba versos del poeta andaluz Rafael de León y le ponía el acento andaluz, porque los actores viejos de Cuba —los de la generación anterior a mi padre— a veces tenían un cierto deje español en la voz, heredado del teatro castizo, como Cholito, Santiesteban, o Rosita Fornés. Y cuando Ignacio recitaba todos se emocionaban, y él les clavaba la mirada, aquellos ojos amarillos, como de serpiente, que ponían los pelos de gallina. Y yo lo miraba y me aprendía de memoria todo lo que hacía.

*Toito te lo consiento*
*menos faltarle a mi mare.*
*Que una mare no se encuentra.*
*Y a ti te encontré en la calle.*

La gente voceaba ¡Bravo! y era muy difícil salir a actuar después de él. Solo podía atreverse un número cómico potente, como aquel dúo que tenía mi padre con el actor Gastón Palmer —alias El Papa—, que hacía gozar a todo el mundo y que cerraba con la frase: "Conozca a Cuba primero y al extranjero después".

Todo aquello fue metiéndose dentro de mí y después lo repetía en la beca. Tanto las poesías de Ignacio como los dúos y monólogos de mi padre. Y a medida que iba ganado confianza en mí, me iba subiendo a los escenarios de las escuelas y de los festivales de estudiantes. Y me daban premios y me miraban con admiración las chicas, y todo aquello me gustaba. Me fui volviendo otro. Aquel chico tímido, asustadizo y acomplejado fue sacando de adentro, de un rincón del alma —como diría Cortés— que no conocía, unas ganas de ser como ellos. Porque me encantaban aquellos hombres y mujeres medio locos, irresponsables, divertidos, fiesteros, casi todos borrachos, pero siempre cariñosos conmigo, que me decían sobrino y que eran los artistas más populares del país. En realidad, me sentía un privilegiado.

Recuerdo —cómo olvidarlo— el día que cumplí quince años. La actividad artística fue en la Dirección Nacional del INDAF, el mismo Instituto Nacional Forestal donde el loco vecino mío dijo que me llevaría a estudiar. Estaba en La Habana, cerca de la calle Zanja, donde está el barrio de los chinos. En aquella ocasión dieron cinco cervezas por persona. Pero como los demás estaban actuando, yo me tomé las cinco mías, las cinco de mi hermano que estaba tomando antibióticos y no podía beber, y las cinco de mi padre, que no bebía cerveza. Agarré una borrachera tan grande que me tuvieron que meter en el tanque de cincuenta y cinco galones lleno de hielo donde enfriaban las cervezas. Recuerdo que decían "métele hielo en los huevos para que reaccione", y se reían. Y yo me reía también. Estaba feliz. Estaba borracho y nadie me regañaba por ello. Me lo celebraban como si hubiera perdido la virginidad.

Fueron años gloriosos. Hicimos un viaje en barco, algo completamente prohibido en Cuba. A mi padre se le ocurrió que aquellos barcos que llevaban a los estudiantes a las becas en la Isla de la Juventud —conocida antes de la Revolución como Isla de Pinos—, en temporada de verano, en lugar de estar varados en el puerto de Batabanó, al sur de La Habana, podían hacer un viaje hasta el puerto de La Habana, bojeando el extremo occidental, y en ese trayecto podría tocar una orquesta y se montaría un *show* que mi padre dirigiría. Le dijeron que sí. Creo que ese fue el primer crucero de la Cuba revolucionaria. Le dimos la vuelta a la punta de Guanahacabibes, donde nos agarraron las corrientes del golfo de México, y entre la bebedera y las olas acabamos todos vomitando en la cubierta, pero igual de felices. Mi padre, mis hermanos y yo viajamos en primera clase, en el salón de protocolo, que hacía poco había estrenado el presidente de la República Popular de Angola —la recién "liberada" Angola Socialista—, Agostinho Neto. Y el capitán nos daba un trato especial y nos brindaba coñac Ararat, un coñac ruso que sabía a rayos, pero que nos bebíamos orondos mientras nos sentíamos muy especiales.

Llegábamos de cualquier fiesta a la casa de mi abuela a la hora que nos daba la gana, y en el estado que queríamos, y siempre ella nos recibía con una sonrisa. A veces llevábamos una novia y le jugábamos cabeza. Como la casa tenía dos puertas tocábamos por una, y cuando venía a abrir colábamos a la chica por la otra. Creo que muchas veces ella se daba cuenta, pero jugábamos a que ella no sabía, y a que nosotros no sabíamos que sabía.

Mi abuela era tan genial y servicial, que mi hermano y yo la poníamos a prueba. Yo le decía: "Abuela, despiértame a las cinco y veinte", y mi hermano le decía: "Y a mí a las cinco y veintidós". Y sin un minuto de error, a las cinco y veinte mi abuela me estaba tocando con el café en la mano: "Ale, son las cinco y veinte". Yo me tomaba el buchito de café, mi abuela se quedaba esperando y a los dos minutos mi abuela tocaba a mi hermano y le decía: "Nelson, son las cinco y veintidós". Y cuando mi abuela se iba a su cuarto ambos explotábamos en una carcajada. ¡Qué felices fuimos en esos días, coño! Y qué pena no haber podido tener a mi abuela en la casa cuando éramos niños.

## 51

A mi abuela le prohibieron entrar en mi casa en el año 1968, y ya nunca volvió porque cuando el innombrable se marchó para siempre ya era muy viejita y había dejado de caminar. Pero ella no tenía rencor. Veinte años después volvió a ser amiga de mi madre. Y en una etapa que tuvo unas fiebres muy altas que la trastornaron un poco fue mi madre quien la cuidó, como había cuidado ella de mi madre cuando mi padre se fue. Y un día, ya mi abuela recuperada de su demencia transitoria me dijo: "Tu madre es muy valiente porque hay que ser muy valiente para cuidar a un loco". Y otra vez se quisieron mucho.

Nunca he sabido si alguna vez hablaron del pasado que las había separado. Lo que sí sé es que nunca me habló mal de mi madre, a pesar de todo lo que pasó. Jamás. Solo una vez, ya viejita, no sé por qué me dijo: "Si yo hubiera sido una mala persona le hubiera quitado a tu madre el amor de sus hijos". Pero nunca lo hizo. Nunca. Mi abuela comprendía que la vida no es perfecta. Ella había perdido un hijo y también había sufrido mucho. Y había tenido una niñez difícil. Ella también tuvo un padrastro, que no le pegaba, pero no la quería. Por eso nunca se divorció de mi abuelo, "para que tu padre no tuviera un padrastro", nos decía.

## 52

José Valdés Velázquez, que además era primo de mi abuela, era un hombre irascible. Mi abuelo no era malo, pero tenía un carácter cabrón. La primera noche de casados mi abuela le sirvió la comida y mi abuelo tiró el plato contra la pared y le dijo: "Ese bistec no tiene una libra" y mi abuela pensó: "Si esto es el primer día, cómo será el último". Pero el último día, en la cama del hospital mi abuelo le pidió disculpas por todas las barbaridades que había hecho cuando mi abuela solo le había dado amor. Mi abuelo se arrepintió ante ella y ante mi padre y los tres lloraron. Y mi abuelo se fue en paz.

Hace unos días le pregunté a mi madre: "¿Alguna vez ese señor te pidió disculpas?", y ella me dijo: "Nunca. Jamás se arrepintió. Creo que él pensaba que hacía lo correcto". "Qué pena", pensé. Podría haber tenido un mejor final. Al menos irse en paz, como mi abuelo.

Muchos jamás se dan cuenta del daño que hacen. No tienen esa capacidad de observarse que es tan necesaria en la vida. Cuentan que a Al Capone, cuando estaba en sus últimos días en Alcatraz, le preguntaron qué pensaba al final de todo, cuál era su conclusión y dijo: "Las cosas que le pasan a uno por querer ayudar a la gente".

Mi abuelo sí tuvo un momento de lucidez para darse cuenta de que la había cagado. Incluso hubo una etapa en la que se alió con el innombrable en contra de mi abuela, porque estaba molesto con ella porque mi abuela seguía apoyando a la Revolución, y mi abuelo desde que se acabó la comida había roto con Fidel.

Entonces venía a mi casa y yo veía cómo intrigaba contra mi abuela. Pero un día la alianza se jodió. Fue un día de Navidad y mi abuelo trajo un pollo de regalo —un pollo que le daban porque era diabético—, y cuando el innombrable se lo agradeció le dijo: "Mi hijo hubiera hecho lo mismo. Pipo es un gran muchacho".

No hizo falta más, había cometido el pecado mayor, mencionar a mi padre en aquella casa. Acto seguido, el innombrable lo botó de la casa y mi abuelo jamás pudo pisar la casa de sus nietos. Jamás. Murió sin volver. Y mi abuelo tiene que haberlo sufrido porque adoraba a mi hermano mayor, que se parecía mucho a él. Era su preferido, y por eso le regaló su reloj. Y por eso mi padre me regaló el suyo, para que yo no fuera menos, para que siempre fuéramos iguales y estuviéramos siempre unidos. Como decía mi abuela: "Recuerden que juntos son fuertes".

## 53

Mi abuela sobrevivió a mi abuelo casi treinta años. Se fue del mundo cantando conmigo a la guitarra. Fue en el 2001. En aquel año yo vivía en España y me llamaron de La Habana para decirme que fuera, que mi abuelita estaba muy mal. Volé a La Habana. Y allí estaba ella, en su camita humilde, con su cuerpecito que se había empequeñecido con los años y casi sin fuerzas para mirar o hablar. Yo estaba grabando un disco con mis canciones en España, y a mi abuela le encantaba la música. Así que en un acto intuitivo puse aquel disco, aún inédito, en la reproductora de CD y le acerqué los audífonos al oído. "Escucha, abuela, estoy grabando este disco". Ella empezó a escuchar la música. Y oh, milagro. Poco a poco, canción tras canción, empezó a abrir los ojos y empezó a sonreír. Pidió que la incorporara en la cama. Pidió que trajera una guitarra. Cantamos viejas canciones cubanas: "Veinte años", "En el tronco de un árbol una niña…". Yo sonreía y lloraba porque estaba asistiendo al milagro de la energía, de la conexión del amor. ¿Cómo alguien que ya es nada vuelve a ser todo por la energía del cariño?

Nos dieron las seis de la mañana cantando y riendo. Mi abuela hasta recitó de memoria un monólogo en verso que había dicho a los ocho años en un liceo para negros y mulatos de La Habana, La Unión Fraternal. ¿O fue en el Antonio Maceo? Lo recitó de arriba abajo de una vez con noventa y dos años. ¿Cómo lo recordó? No lo sé. Todo era mágico en ese, su último día. Estas cosas no se pueden explicar con la ciencia y la medicina.

En un momento yo, para darle más ánimo, le confesé que mi esposa estaba embarazada, lo que era verdad. Y le dije algo que no podía saber a tan pocas semanas: "Es hembra", y ella me dijo: "Entonces América nunca morirá". Y dejó el nombre América sembrado en el futuro de mi primera hija, que también la adora, aunque no la conoció.

## 54

La Habana, 2 de noviembre de 1975
"Año de la Institucionalización"

Estimados amigos de Radio Praga:

Les escribe Alexis Valdés, el niño cubano. Espero que al recibo de esta carta estén todos bien. Por aquí todos bien.

Muy felices porque ayer nació mi hermanita Anita. Es muy linda y tiene los ojos verdes. Tengo dos hermanas, Aixa que ya tiene cinco años y Anita que tiene un día. A las dos las quiero mucho. Son hijas del segundo matrimonio de mi mamá. Mi papá tiene también otro hijo del segundo matrimonio, mi hermano Leito. Dicen mis amigos que son mis medios hermanos, pero para mí son hermanos enteros.

Ayer me castigaron en la escuela porque le dije a la maestra que Lenin no se llamaba Lenin, sino Vladimir Ilich Ulianov. Y la maestra me dijo que yo no sabía. Fui a ver a mi abuela que sabe mucho de historia, y me sacó una revista donde sale Lenin con toda su familia y sí se llamaba Vladimir Ilich Ulianov, y su padre Illia Ulianov y su madre Maria Ulianova. Mi abuela me dijo que yo sí sabía, que la que no sabía era la maestra. Y digo yo, para qué ponen a enseñar a maestros que no saben. ¿Eso también pasa en Checoslovaquia o solo en Cuba porque llevamos muy poco tiempo construyendo el socialismo? Por favor, esto no se lo cuenten a mi maestra porque me botan de la escuela.

Mi maestra se llama María y cuando está brava nos pega con un pedazo de madera en las manos. Un pedazo de madera que arrancaron de una silla. Cómo duele. ¿Eso también pasa en Checoslovaquia? ¿Ustedes están de acuerdo con que les peguen a los niños?

¿Les parece bien que mi redacción la haga sobre el cosmonauta Yuri Gagarin?

Espero con ansias su respuesta.

Revolucionariamente,
Alexis Valdés,
un niño cubano

## 55

Unos meses antes de irnos de la casa de mi madre, a mi hermano Nelson lo sacaron de la escuela Lenin, en 1978, porque lo agarraron de madrugada con otros estudiantes bañándose encueros en la piscina. También anteriormente se habían robado el tractor que el líder ruso Leonid Brézhnev le había regalado a la escuela. Pero como en el grupo estaba Peteco, que era hijo de un ministro, y algún otro hijo de "pincho" (así les decíamos a los del gobierno), mi padre pudo lograr que su baja fuera por el asma. Mi padre les dijo "si joden a mi hijo, a los de los otros también" y no sé cómo se lo aceptaron, pero se negoció un acuerdo.

Mi hermano volvió a la casa después de cuatro años en la beca. Y a mí, que seguía en mi beca, ahora me preocupaba qué le podía pasar con el innombrable. Ya mi hermano era mayor y no le aguantaba paquetes a nadie. Parece que el innombrable lo entendió porque ya no lo molestaba mucho. Hasta ese día que encontró la foto de mi padre, que fue lo que desencadenó el final de todo.

En el nuevo preuniversitario mi hermano se hizo íntimo de un chico de apellido Curtelo, que era muy inteligente y aplicado y lo hicieron presidente de la Federación de Estudiantes de Enseñanza Media (FEEM). A mi hermano, que venía de la Lenin con un expediente impecable, gracias a mi padre, lo hicieron vicepresidente. Al poco tiempo, cuando descubrieron quien era mi hermano de verdad, lo destituyeron. Pero ese muchacho y mi hermano siguieron la amistad. Un día del año 1980 le pregunté a mi hermano por él y me dijo que ya no era su amigo. Le pregunté qué había pasado y mi hermano me contó que lo había visto golpear a un hombre que iba con un bebé en los brazos durante los actos de repudio del Mariel.

Los actos de repudio fueron otro invento diabólico de la Revolución, consecuencia de los sucesos de la Embajada de Perú, donde se metieron miles de personas para asilarse y así poder irse de Cuba. Todo ocurrió en pocos días. El gobierno de Cuba le pidió al de Perú que entregaran a unos asilados. El gobierno de Perú se negó. El gobierno de Cuba quitó los guardias que custodiaban la

ALEXIS VALDÉS

embajada, y la gente se enteró y en tres días se metieron
en la embajada personas que venían de toda Cuba. Eran
miles de personas hacinadas en una casa. Había peleas
por la comida, por el agua; violencia de todo tipo. Las
personas vivían en los techos, en los árboles. Fue una
crisis humanitaria. Allí se metió mi primo Yeyo, para
sorpresa de todos, porque era el primo más aplicado y
trabajador. Era vanguardia y militante de la juventud
comunista. En realidad, estaba loco por salir de Cuba y
era gay, pero nosotros no sabíamos nada de eso.

El gobierno convocó a la población a participar en
las Marchas del Pueblo Combatiente, donde el pueblo revolucionario iba a gritarle a los traidores durante
horas. Se paraba el país para eso. Nadie trabajaba. Día
libre pagado para ir a gritar. Bueno, había quienes iban
a toquetear mujeres en el empuja-empuja y también
otros, como Gonzalo, un delincuente de mi barrio, que
iba a robar billeteras. Decía que no había mejor lugar
para un carterista que una manifestación con miles de
personas empujándose.

Pasaba gente bailando. Iban orquestas y comparsas.
Era un circo. Y cantaban coros como "que se vaya la
escoria" y...

*Solavaya que se van*
*para nunca más volver.*
*No decimos nada más*
*a la escoria que se va,*
*que se va por el Mariel.*

El Mariel es un puerto en el norte de La Habana por donde después se fueron hacia Miami algunos asilados de la embajada y muchas personas a las que sus familiares de Estados Unidos venían a buscar en lanchas. Y también un montón de presidiarios y enfermos mentales que Fidel les metió en los barcos. Dicen que se fue un cuarto de millón de la población cubana. Aquella noticia la cubrió el mundo entero, y aquel puertecito tomó una notoriedad que nunca su gente soñó.

Los asilados de la embajada salieron por un acuerdo de los gobiernos y fueron a sus casas a esperar su salida de Cuba. Y allí iba otra vez la gente a gritarles: "escoria, traidores, no los queremos, gusanos, lechuzas, se venden por pitusas (*jeans*)". Era una imbecilidad masiva y peligrosa. Una manifestación de *bullying* nacional apoyada por el gobierno. Hubo peleas. Hubo tragedias. Hubo vecinos de toda la vida que se cayeron a golpes. Hubo muertos. Y en uno de esos actos horrendos mi hermano vio como su amigo Curtelo le pegaba a un pobre hombre que iba con su bebé, y que su único delito era que no quería vivir en Cuba. Mi hermano, que sabía lo que era la cobardía de pegarle a alguien en desventaja, sepultó a aquel amigo para siempre.

Yo fui una sola vez a uno de aquellos actos. Asistir era obligatorio, por la escuela. Hasta pasaban lista. En aquella fila íbamos Gregorio y yo, burlándonos del acto. Cuando la turba gritaba: "gusanos, lechuzas, se venden por un pitusa", Gregorio y yo decíamos: "por uno no, por varios", y nos reíamos. Y al mismo tiempo nos daba pena por la chica a la que le gritaban. Era una chica encantadora de mi aula, tan buena que aburría de bondad, cuyo único "delito" era que su familia había decidido irse para Miami.

Después no fui más. Cada vez que había actos de repudio o marchas yo salía de casa como todos, supuestamente hacia el punto de concentración donde nos esperaban los autobuses, y me desviaba a casa de mi tía Anita.

## 56

Anita y Roberto eran mis tíos preferidos. Eran unos tíos geniales que arrancaban con todos los primos y nos llevaban a la playa, a una piscina o a los carnavales. Eran alegres, cariñosos y muy modernos. Y además eran gusanos. Es decir, estaban en contra del gobierno, lo cual era más emocionante. Jugaban dominó y apostaban dinero todos los días, que era ilegal pero muy divertido. Y eso era lo que hacíamos los días de marchas, jugar dominó y burlarnos de los comemierdas que iban a marchar mientras nosotros estábamos a la sombra, jugando y tomando cerveza.

El innombrable odiaba a esos tíos. De mi tía decía que era una puta. Todo porque mantenía una relación excelente con su ex y padre de su hijo, algo que él no entendía. Además, mi tía se ponía minifalda y era moderna. Todo eso él lo odiaba. O quizás le gustaba mi tía y se reprimía, quién sabe. De mi tío decía que era bizco y además *tarrúo* porque, según él, mi tía lo engañaba con cualquiera. Y que algún día le rompería la cara. Un día incluso le escuché decir que había estado a punto de fajarse a piñazos con mi tío, pero que le dio lástima porque no quería romperle los espejuelos y la cara al bizco. Estaba siempre con la historia de los espejuelos. Creo que en realidad cuando estuvo a solas con mi tío "le habrá tocado guitarra", como decíamos en Cuba, para no tener que enfrentarse a él. Porque mi tío era noble, pero era un tipo con dos cojones.

Mis tíos sabían el infierno que vivíamos en mi casa y trataban de compensarnos llevándonos a pasear o tratando de hacernos felices. Creo que nos tenían pena. Y odiaban al innombrable, lo sé, pero no nos hablaban de ello. Intentaban sacarnos de ese mundo de tristeza llevándonos a la playa, a los carnavales, a fiestas, a tomar helado. No solo a mi hermano y a mí, sino a todos los primos. Cargaban con diez o doce chicos y los hacían felices por unas horas. Nunca los olvidaré. Ojalá algún día yo pueda hacer por un chico lo que ellos hicieron por mí.

## 57

Había otro tío que también vivía cerca; se llamaba Julio y era hermano de mi madre. Ese era el más bestia de todos. No era mal tipo, pero disfrutaba presumiendo de bestia. Le gustaba andar con Heriberto, el Pirata, que era capaz de comerse un melón de veinte libras y una libra de mantequilla de un palo. Un salvaje. Con este amigo mi tío Julio practicaba karate. Y se obsesionó tanto con el karate que a patadas y piñazos le secó la mata de limón a mi abuela Fina (la madre de mi madre), que nunca se lo perdonó.

Tío Julio, un domingo de reunión familiar, haciendo alarde de su fuerza, le dijo a mi tío Carlos, otro hermano de mi madre, que si él le apretaba la mano tendría que pedirle perdón. Mi tío Carlos, que era un tipo tranquilo, le dijo que por mucho que le apretara jamás le pediría perdón. Y se apostaron cien pesos.

Empezó aquella apuesta bárbara. Mi tío Julio apretaba y apretaba y Carlos aguantaba y aguantaba, tratando de esbozar una sonrisa. Cuando llevaban como diez o quince minutos, mi abuela dijo: "Bueno basta ya, se acabó". Pero Julio respondió: "Que me pida perdón" y Carlos decía: "No te voy a pedir perdón ni cojones", pero ya estaba arrodillado en el suelo del dolor. Y el otro seguía apretando con todas sus fuerzas y la mirada de loco obcecado sobre la mano de Carlos.

Habrá pasado en total una media hora. Llegó un momento en que la tensión ya era insoportable y mi abuela Fina dijo: "Ya, coño, que se acabó", y los empujó. Mi tío Carlos tenía la mano cianótica, pero seguía sonriendo para no mostrar dolor. Y mi tío Julio le dijo: "De verdad que eres un hombre", como si él tuviera autoridad para otorgar ese título. Un mes después, a Carlos hubo que amputarle un dedo con gangrena, y se quedó entre ellos una energía muy rara. Cosas de un país de machos.

## 58

En toda mi niñez en aquel barrio salvaje, los bestias eran los notables y los inteligentes ni se notaban. Las hazañas que se contaban eran de tipos que estaban todos presos o muertos. Y sin embargo en mi barrio vivían grandes artistas como Enrique Arredondo —el cómico más popular de Cuba en esos tiempos— o Chucho Valdés, pero casi nadie hablaba de eso en mi niñez. Los notables eran los bestias. Los que le caían a piñazos a otro en la esquina.

El abuso a los pequeños y más débiles era una práctica común, y la Revolución nunca hizo nada por evitarlo porque la Revolución también hacía *bullying*. Casi todo el que tenía un carné de policía o de la Seguridad del Estado o del Partido lo usaba como un arma con la que doblegar a otro. Y también como un medio de tener lo que el resto no tenía.

Eran sobre todo los de la Seguridad del Estado los que usaban con total impunidad aquel carné verde, al que llamaban "el boniato". Y claro, como tenían pistola y además practicaban karate, ju-jutsu, kung fu y defensa personal, podían dar rienda suelta a sus instintos más cabrones.

Recuerdo que una vez, ya en la universidad, salimos de una fiesta e íbamos por La Fuente de la Juventud cantando y jugando al capitán cebollita, que era el juego en el que todos hacen lo que hace el que va delante. Y así íbamos jugando aquel grupo de cinco chicos de unos dieciocho años, cuando de la nada aparecieron tres tipos fornidos con guayaberas, que era la prenda típica de los "segurosos". Eran dos mulatos y un negrito que parecía ser el jefe.

De pronto nos empezaron a molestar, y al ver que eran de la Seguridad tratamos de evitarlos, pero uno de ellos le arrebató el reloj a uno de mi grupo y se formó la piñacera. Ellos tiraban todo el tiempo patadas como Bruce Lee y nosotros tratábamos de defendernos. Hasta que el negrito sacó la pistola y nos apuntó y la cosa tomó otro cariz. Era evidente que en esas circunstancias nada podíamos hacer. Nos dijeron maricones y nos hicieron huir y se quedaron con el reloj. Yo me quedé mucho tiempo con la indignación de aquel día. Me quedé jodido por no haber podido plantarles cara a aquellos hijos de puta. La sombra del innombrable seguía flotando sobre mí.

Creo que todos aquellos chicos nos quedamos jodidos por un tiempo. Fue muy violento y humillante aquel episodio. Y lo peor es que sabíamos que podría volvernos a pasar. El país era así. Un país donde el que tenía algún poder abusaba del que no lo tenía. Desde las más altas esferas hasta las más bajas. Aún sigue ocurriendo y muchos lo callan. Yo no. Me volví intolerante al maltrato.

## 59

Creo que la última vez que el innombrable me dio un golpe fue un sábado del año 1977. Yo estaba becado y fuera de su zona de control. Llegué de pase a mi casa y mientras esperaba a mi hermano cogí una pelota de tenis y, para entretenerme, la empecé a tirar contra la pared como hacíamos cuando jugábamos *handball* en la beca. Él vino y me dio un manotazo. Fue un manotazo inocuo, casi para marcar territorio, un golpe inseguro, "vas a joder la pintura de la pared". Y yo lo miré y me dijo "qué me miras" y yo le dije "nada", pero él sintió que yo lo miraba ya como un hombre y se fue a lo suyo. Poco después vino lo de la foto y ya nos fuimos de casa.

Siempre me pregunté cómo habría sido ese momento. Cómo se habría puesto al ver que mi hermano escondía una foto de mi padre. Cómo se habría puesto mi hermano cuando se la rompió. Cómo se habría puesto él cuando vio cómo se puso mi hermano. Qué terror habría sentido mi madre al ver que podría producirse esa pelea de hombres que nunca quiso que llegara.

Muchos años después del suceso llamé a mi hermano a España y le pregunté: "Nelson, ¿qué pasó ese día que este tipo te encontró la foto?". Y él me contó: "Pues parece que él sospechaba que tenía algo, porque fue directo a buscar en la gaveta. La foto estaba bien escondida. Tú sabes que nosotros nunca nos regalábamos. Me preguntó qué era aquello y le dije que era una foto de mi papá. Empezó a gritar como un loco y a decir sandeces, y me vino encima a pegarme y yo le dije que si me pegaba se lo decía a la policía y frenó en seco. Fue como si le hubiera echado un cubo de agua fría. Dio media vuelta y se fue. Años más tarde hablando con tío Roberto, llegamos a la conclusión de que él le debía algo a alguien que estaba en la cárcel, porque ese terror a la policía solo podía explicarse por el terror a caer preso y que le rompieran la vida. Por eso lloraba el día que lo denunciaste. Él era un gran cobarde".

Recuerdo el día que vi al innombrable, muchos años después, en la boda de mi hermana, de esa misma a la que de bebé le acercó un cuchillo a la espalda. Ese día lo vi tan pequeño, tan miserable, y tratando de hacerse el gracioso. Yo solo lo miré desde mi altura a su pequeñez, algo que no me gusta hacerle a nadie, pero a él sí se lo hice. Y él bajó la cabeza y se escurrió como una rata.

Mi hermano me dijo: "Pero quien más le ganó fuiste tú, Ale, y eso tienes que contarlo porque la gente tiene que saber que a veces los buenos ganan y los malos se van al infierno. Coño, por favor, pon eso en el libro: que no siempre los buenos pierden".

Eso va seguro, *brother*.

## 60

El innombrable y mi padre murieron el mismo año. Mi padre en septiembre y el otro en marzo del 2008. Cosas de la vida. Creo que la única cosa en la que le ganó a mi padre fue en morirse antes. La muerte de mi padre me afectó mucho. De la de aquel tipo ni me enteré en su momento.

Qué cosas tiene la vida. Todo ocurrió en años que acababan en ocho: él llegó a mi casa en 1968, mi hermano y yo nos fuimos de casa en el 78, mis padres se volvieron a hablar en 1988, y el innombrable y mi padre murieron en 2008.

En el año 2003 yo cumplía cuarenta años (también múltiplo de ocho), y el día 16 (múltiplo de 8) de agosto (octavo mes), día de mi cumpleaños, jugué la lotería con números todos múltiplos de ocho. Y gané. No mucho, porque jugaba poco y era segundo premio. Pero gané unos tres mil euros el día 16 (2 veces 8) del mes ocho, cuando cumplía 40 años (5 veces 8) y había un acumulado de 40 millones (también 5 veces 8) de euros en el bote. La vida es un capricho vestido de azar.

Lo que es, es. Y lo que será, será. Y todo afán por cambiar lo que es y será, es una pérdida de tiempo y energía y será un sufrimiento. Creo que ese era el gran dilema del innombrable: quería cambiar lo que era yo, lo que era mi hermano, lo que era él, lo que era mi padre. No estaba a gusto con el guion de su vida. Pero ese era su guion y la única historia que podía contar era la que estaba escrita en su guion. El que le tocó. Lo demás es amargarse y sufrir y joder a los demás. Todo por no aceptar lo que uno es.

## 61

Hoy llamé a mis hermanas para contarles que estaba escribiendo este libro. A las dos les dije lo mismo: que estaba escribiendo un libro sobre mi niñez, y que quería que lo supieran porque contaría pasajes muy oscuros que tienen que ver con su padre. Aixa primero se quedó en silencio, un segundo. Le pregunté si me había escuchado y me respondió: "Qué se le va a hacer, es lo que nos tocó vivir". Le conté que ya lo había hablado con mami y ella estaba de acuerdo con que lo escribiera. Quizás el libro será bueno para todos. Ella me dijo entonces que si debía hacerlo, que lo hiciera. "Tú estuviste en los últimos momentos con él", le dije. Y respondió: "Claro, era mi padre". Le aclaré: "No fue una pregunta. Lo sé. Quería saber si en algún momento se arrepintió". Y respondió: "No, él no hablaba de esas cosas. Pero yo lo quería, sabes; era mi padre". Y yo la entendí y le dije: "Claro".

Después llamé a Anita y me dijo lo horrible que había sido. Ella era muy chiquita y sabía lo que Aixa le había contado, porque ella oía las discusiones. Estuve a punto de preguntarle por las palizas, pero ya ella estaba llorando. Me dijo que ella también había sufrido mucho y que tuvo que ir al psicólogo. "Me hacía cosas horribles: me llevaba en el carro a ver a la otra mujer, y entraba y me dejaba sentada en el carro hasta dos horas. O hacía que su nueva mujer me llamara para molestarme", me contó. Yo le pregunté por qué y ella me dijo que no lo entendía, pero que era su padre. Y volvió a llorar.

Hoy hablé de nuevo con mi madre. La vi un poco apagada, o quizás preocupada, y con los ojos cansados. Le pregunté si le pasaba algo, y me dijo que mi hermana la había llamado para decirle que no entendía qué necesidad había de remover el pasado. Yo le respondí que eso no era lo que ella me había dicho y que me gustaba contar historias, y las únicas historias que podía contar eran las que conocía. "Si nadie removiera su pasado para contar historias, no existirían todos esos libros que tanto te gustan. No existiría Vargas Llosa o Julia Navarro, no hubieran existido García Márquez o Hemingway. Todos de alguna manera contaron su vida y sus sueños", le dije. Y entonces mi madre me dijo: "Lo único que no quiero es que este libro separe a los hermanos". "Lo hago con la intención totalmente opuesta. Creo que este libro puede llenar esos viejos silencios que nos quedaron, todas esas cosas que no nos contamos por vergüenza, o por miedo, o por sentimientos de culpa", le aseguré. Mi madre me dijo entonces: "A mí no me importa que me juzguen, que digan lo que quieran". Y yo le aclaré: "Nadie te va a juzgar, mami. En mi libro tú también eres una víctima". "Pero si este libro los separa a ustedes, entonces sí que no me lo perdonaría", me dijo ella. Y yo concluí: "Te vuelves a equivocar, mami. Nadie tiene que perdonarte nada a ti. El libro lo estoy escribiendo yo, y la reacción que provoque en alguien lo que yo escriba, solo pertenece a ese alguien. Es su responsabilidad. Tienes que empezar a aprender a no culparte por todo".

Pero yo también me quedé preocupado. No quiero hacer nada que haga sufrir a mi madre. Ya sufrió demasiados años. Ahora es feliz, es una persona genial, generosa y amorosa, a quien todos amamos y es el sostén de la familia. Es como una Madre Teresa. Va de aquí para allá, de una casa a la otra, ayudando a todos los hijos. Se ha dedicado a todos como si fuera un sacerdocio. No ha vuelto a tener pareja. "Quizás lo mejor es estar solos", me dijo el primer día que hablamos de ese asunto. No tuvo suerte con las personas que eligió. O no fue capaz de exigir a esas personas el trato que merecía. Quizás no tenía la autoestima suficiente o se la habían roto aquella hermana abusadora en la infancia y la madre que la abandonó. Qué sé yo. Solo sé que al final de la vida logró salir adelante y sacar una fuerza grande que ella misma no sabía que tenía y llevar su vida y su familia a donde ella quería. Y aprendió a no callar lo que debe ser dicho.

Aun así, hace varios días que soy un mar de dudas. Ya no sé si hago bien o mal escribiendo este libro. ¿Para qué remover el pasado?, dijo mi hermana. ¿Tendría razón? Pero a veces hay que remover el pasado para quitarle el polvo y que caiga un poco de luz sobre los recuerdos. Los sicólogos siempre lo hacen porque saben que todos nuestros problemas vienen de la niñez, que es donde se define nuestra personalidad. Pero ya soy quien soy, y escribir el libro no lo va a cambiar. ¿O sí?

Quizás este libro también pueda ayudar a cambiar a alguien que no se da cuenta el daño que hace a un niño con el maltrato. Al niño y a sí mismo. Porque nunca va a sacar amor de ahí. Porque las relaciones sanas se basan en el amor y el respeto. Quizás por ellos, por las víctimas de hoy, es que debería publicar este libro. No lo sé. Si ya lo estás leyendo es que tuve el valor de publicarlo.

# 2019

Salí de la Plaza Wenceslao maravillado de cómo los checos con aquellas caricaturas habían convertido en humor la trágica entrada de los tanques rusos en 1968. "Qué pueblo tan genial", pensé. Ojalá algún día los cubanos aprendan a ser así, y hagamos una revolución sin sangre como la de Vaclav Havel.

Bajé por Vaclavse Namesti, pasé el McDonald, la estación de metro Muzeum, y entré en la calle Vino-hrasdka. Crucé Legrenova, a mi derecha me quedaba el Mandarín Oriental, y unos metros más hacia delante llegué al número 12. Me paré frente a un edificio color beige de una arquitectura de la década del 70. Un letrero grande en su fachada decía Cesky Rozhlas (Radio Checa); por cierto, esta es la radio más vieja de Europa Oriental y la segunda más vieja de toda de Europa, después de la BBC de Londres.

Entré al edificio que aloja las oficinas de cuatro radios nacionales, trece radios locales y una emisora internacional, caminé por el vestíbulo y llegué al mostrador. Allí una linda joven checa me miró y me dijo algo en su idioma que no entendí, pero supuse que era "qué desea". Yo le dije en inglés: "Quiero dejar esta carta para Radio Praga".

La mujer me miró con cierta sorpresa. Seguramente se preguntaría quién lleva una carta en mano en lugar de enviarla por correo. No obstante, tomó la carta y la puso en un cajoncito donde había muchas otras con sellos de diferentes países. Aquella misiva que dejé decía:

Praga, 16 de agosto de 2019
Día de mi cumpleaños

Estimados amigos de Radio Praga,

Estoy en Praga. Ya no soy un niño revolucionario, pero sigo siendo un niño porque soy actor como mi padre. Y soy libre.

Esta es mi última carta. Gracias por los sueños.

Alexis Valdés

# Epílogo 1

Mi padre y mi madre volvieron a vivir bajo el mismo techo en el año 2008. Hacía más de diez años que mi madre se había divorciado del innombrable, quien varias veces fue a pedirle que volviera con él, pero mi madre, que al fin se había librado de él, no cedió. Aquellas visitas siempre terminaban con él poniéndose violento y rompiendo algún mueble o algún adorno. Eso me lo contó mi madre el día que le dije que estaba escribiendo esta historia. "Y, ¿por qué se lo permitiste? Ya ni siquiera era tu marido", le pregunté. Y ella me contestó: "Tenía miedo Ale. Fui muy cobarde". "Todos lo fuimos mami. Es parte de ser humanos", le dije.

Pero en ese 2008 vivimos casi un año juntos en la misma casa de Miami. Fue el único año de mi vida, que yo recuerde, que vivimos juntos. Porque de los primeros tres o cuatro años de mi vida en los que estuvieron casados no tenía recuerdo. Tampoco había una foto de ellos juntos. Creo que el innombrable las rompió todas. Y ni siquiera las rompió bien. Estaban desgarradas como si las hubiera roto con furia. Y siempre faltaba el pedazo de mi padre. O quizás las rompió mi madre cuando mi padre la dejó. No sé. Nunca preguntamos nada. Solo veíamos las fotos rotas por la mitad. Nunca cortadas. Rotas con dolor o furia.

Ese año que vivimos juntos fue muy bonito. Era como si volvieran a ser novios. Mi padre tenía problemas en un pie a causa del azúcar. El azúcar terminó provocando que se lo amputaran, y lo mismo sucedió con el otro pie. Y como mi padre era un sobrado, hasta le decía a mi madre: "Cari, tráeme un poquito de agua. Cari, alcánzame tal cosa", como si fuera otra vez su esposa. Y yo me reía de que pudiera tener esa familiaridad con ella después de todo lo que habíamos pasado.

También vivieron unas semanas juntos en Madrid en la casa que yo compré para mi padre y su cuarta esposa, una italiana muy bondadosa llamada Wanda. Ellos habían vivido en Barcelona. Allí se habían conocido, pero yo me moví a Madrid detrás de la posibilidad de hacer cine y televisión, y mi padre fue detrás de mí, como siempre. En esa casita de la calle Madera del barrio de Maravillas, que fue la de mi padre y Wanda, también vivió mi madre por unas semanas. Pero claro, era la ex de mi padre y parece que Wanda empezó a sentirse incómoda y mi madre se fue. Yo me molesté porque en una casa que yo había comprado tenía que poder estar mi madre. Pero mi madre me dijo que mejor se iba y seguramente hizo bien.

En total mis padres estuvieron sin hablarse veinte años, desde 1968 hasta 1988. Y el milagro se produjo el día de la boda de mi hermano, en el restaurante El Conejito, de La Habana. Todos estábamos a la expectativa. ¿Qué pasaría cuando se encontraran después de tantos años? Incluso nos preguntábamos: ¿Vendrá mi madre sabiendo que viene mi padre? Y el innombrable, ¿lo permitirá? Pero mi madre fue. Parece que el innombrable ya no tenía tanto poder. De hecho, en aquella fiesta estuvimos todos: mi madre, mi padre, mis cuatro hermanos, mi abuela y yo. Todos menos él, que por supuesto no estaba invitado. No sé cómo mi hermano se las arregló para propiciar aquel encuentro, pero lo logró.

Fue uno de los días más lindos de mi vida. Ver a mi padre y a mi madre en la misma mesa. Al principio no se dirigían la palabra. Trataban de ser corteses, pero no se miraban a la cara. Después se fueron relajando con los tragos, los chistes y la alegría, y poco a poco mi padre se fue soltando, siendo como era, e incluso se permitió hacerle una broma a mi madre, que no pudo evitar sonreír. Y hasta un brindis hizo mi padre: "Por nuestros hijos". Unos años atrás, esa frase habría sido imposible de pronunciar.

Era un día que nos debíamos todos. Y era una gran celebración. Mi hermano se casaba con María Eugenia, una valenciana encantadora que me tomó mucho cariño desde el primer día. Nos habíamos conocido en Varadero. Yo estaba por allá actuando. Por aquel entonces era un cómico muy popular en Cuba. Y donde quiera que llegara se me abrían las puertas y las sonrisas.

¿Qué habrá pensado aquel señor en aquellos momentos? ¿Cómo entendería que todo lo que había intentado conmigo le había resultado al revés? Que aquella persona a la que había intentado hundir, había salido de abajo del agua, floreciendo. ¿Ves, hermano, que lo puse?

Hacía ya muchos años que no vivíamos con mi madre, y cuando iba a visitarla a veces estaba él. Siempre me saludaba. Yo no le contestaba y él me seguía hablando como si no aceptara que yo no quería hablar nada con él. Me ponía muy nervioso. Me indignaba su actitud. ¿Qué le pasaba? ¿No era consciente de lo que me había hecho? ¿No entendía que era el ser que más odiaba y despreciaba en el mundo? No quería verlo, no quería escucharlo, no quería que estuviera en mi vida. Y él seguía hablando: "El otro día Amadito me preguntó por ti. ¿Te acuerdas de Amadito, el electricista del taller? Dice que se ríe mucho con tu personaje de la televisión".

Y yo no respondía. Ni lo miraba. Me indignaba incluso no tener dentro suficiente odio o agresividad para pararme y devolverle a trompadas todas las palizas que me había dado de pequeño. Pero yo no me movía, y aquella situación absurda y pesada continuaba hasta que no podía más, le daba un beso a mi madre y me iba. Sin decirle nada. Como si estuviera muerto.

Una vez soñé que nos encontrábamos casualmente en una noche oscura en una callecita del Vedado, al doblar del Hotel Colina, muy cerca de la Universidad. La calle se llama 27.

Ese día teníamos aquel encuentro final en el que nos fajábamos a los piñazos, como dos hombres. Él ya era un tipo frágil y yo un hombre joven y fuerte, ya él no podía conmigo. Ese día lo reventé a golpes, y él huyó arrastrándose por la calle, justo por esa parte en que la calle se pega al contén, y que el contén está alto y hay unos huecos por donde pasan las ratas, buscando auxilio o ayuda, pero no había nadie. Lo perseguí como a una presa que no tiene escapatoria, como me hacía él cuando yo era niño, y mientras le pegaba patadas, trataba de aclarar mi mente, porque no sabía cuál era el destino final de aquello, si darle solo una paliza o matarlo, como tantas veces pensé que haría él conmigo, que acabaría perdiendo la cabeza y matándome. Ese era mi mayor terror de niño, que se le fuera la mano, y en un golpe desmedido me matara… Ese era el miedo que él tenía ahora: que yo perdiera el control, ese límite entre el humano y la bestia. Siguió arrastrándose, pero ahora con más rapidez. En la esquina lo acorralé. Era un guiñapo, un despojo humano. La ropa y la cara sucia, la respiración agitada, la mirada de terror, el sudor negro de tizne cayéndole por la frente. Yo tenía puestas unas botas rusas inmensas llenas de clavos en la suela. Sentí ese poder. Levanté el pie para aplastarle la cabeza. Él me miró suplicante y yo cerré los ojos para no tener compasión… Y entonces lo oí. "Perdóname", dijo. "Perdóname". Y en ese momento me desperté. Y comprendí que ya no le tenía miedo, que ya lo había derrotado.

# Epílogo 2

Hace poco me encontré con mi amigo Camilo en un restaurante de Miami. Esto ya es muy común para mí porque a casi todos los amigos de mi infancia me los encuentro en esta ciudad cubana fuera de Cuba.

Estaba esperando mi mesa y se me acerca un hombre bastante viejo, con una gran calva y unas cuantas hebras de pelo blanco mal cortadas, y me dice: "Alexis Valdés, ¿no te acuerdas de mí?". Y yo tratando de ser *polite* le dije: "Sí, pero no sé de dónde". Y él me respondió: "¡No te acuerdas nada! Soy Camilo. Camilo González. De tu barrio. Estudié contigo". Y de pronto lo volví a ver con 12 años, en la sala de su casa, tratando de hacer funcionar un aparato roto, pelando unos cables de colores con la vieja cuchilla suiza de su padre. "Coño, Camilo", le dije. "Estoy escribiendo un libro y hablo sobre ti". Se sorprendió: "¿Sobre mí? ¿Qué coño vas a decir sobre mí si no soy famoso? ¿Que siempre fui un comemierda? ¿Tan comemierda que no me fui en los 90? ¿Que me comí en Cuba todo el Periodo Especial? ¿Que me dio una neuritis del hambre que por poco me muero? ¿Que de niño me caían a pescozones en el barrio? ¿Qué contaste, cabrón?". Y le dije: "¡No, coño! Que queríamos ir a Praga. Y que escribimos una carta todos los meses". Y me dice Camilo: "¿Tú sabes que yo conservo esas cartas? Y yo no le podía creer: "¡No jodas! ¿Y las puedo leer?".

## LAS CARTAS DE CAMILO

### Carta No. 1

La Habana, 27 de enero de 1975
"Año de la Institucionalización"

Queridos amigos de Radio Praga:

Mi nombre es Camilo González y soy un niño revolucionario cubano. Escucho siempre sus programas en español. Son muy interesantes y entretenidos. Quisiera participar en este bonito concurso. Según he escuchado el modo de concursar es enviando una composición. Espero que esta les guste. Es sobre mi papá.

Mi papá se llama Gerardo y es tabaquero. Es uno de los mejores tabaqueros de la fábrica Partagás, que son los mejores tabacos del mundo. Es un hombre muy grande. Mide seis pies. Y también le gusta mucho cantar. Canta boleros. Y es amigo de muchos artistas.

Mi papá quería que yo me llamara como él, pero mi mamá quiso que me llamara Camilo como Camilo Cienfuegos, el héroe de Yaguajay. Camilo fue un comandante de la revolución cubana. Era el único que llevaba sombrero y el que tenía la barba más larga.

El pobre cayó en el mar un 28 de octubre. Y por eso todos los 28 de octubre los niños cubanos echamos flores al mar y le recitamos unos versos.

Bueno esta composición era sobre mí, pero mejor hablar de Camilo porque yo aún soy muy niño y todavía no tengo historia.

Espero que les haya gustado. Me gustaría mucho ganar el concurso y viajar a Praga. O a cualquier país socialista. Todos los países socialistas somos hermanos.

¡Viva la amistad entre los pueblos hermanos de Checoslovaquia y Cuba!

Revolucionariamente,
Camilo González

## Carta No. 2

La Habana, 27 de febrero de 1975
"Año de la Institucionalización"

Queridos amigos de Radio Praga:

Mi nombre es Camilo González y soy un niño revolucionario cubano. Y como les conté en mi primera carta escucho siempre sus programas en español. Son muy interesantes.

También les conté que quiero participar en el concurso por el viaje a Praga. Yo sería muy feliz conociendo un país socialista hermano de Cuba. Y también viendo la nieve. Me encanta la nieve y solo la he visto en fotos. Y también los caramelos y los bombones rusos. Los checos no los conozco. Pero mi padre tiene un amigo ruso que es técnico extranjero en Cuba, y a cada rato le regala una caja de bombones con esas letras que uno no entiende, pero que son tan bonitas. Supongo que los bombones checos son igual de ricos.

En mi primera composición les hablé de Camilo Cienfuegos. Hoy les voy a hablar de mi mamá.

Mi mamá no luchó en la Sierra Maestra, pero también es una heroína. Es una heroína de la casa y del trabajo.

Mi mamá es una mujer trabajadora como todas las mujeres revolucionarias. Y se levanta muy tempranito y nos hace el desayuno y después se va corriendo a trabajar para no llegar tarde. Y a veces la guagua viene tan llena que no para en la parada sino en la otra esquina. Y mi mamá corre una cuadra entera para alcanzar la guagua y subirse.

Mi mamá trabaja en el Parque Lenin, que es el parque más grande del mundo, o por lo menos de América Latina. Ella trabaja en una cafetería que está frente al anfiteatro. Y todos los domingos me lleva a ver el espectáculo que presentan ahí. Y sale una familia de

músicos, les llaman excéntricos musicales, que tocan todos los instrumentos y que son de lo más cómicos. Les
llaman los Moralitos.

El viejito (el Moralito mayor) es para morirse de
risa. La mujer le quita la flauta y saca otra más pequeña. Le quita esa y saca otra más pequeña todavía. Y así
hasta que saca una flauta más chiquita que mi dedo
meñique. Y eso que yo soy bien chiquito y mis dedos
más, ja ja.

También salen bailarines, acróbatas y uno muy
bueno que ganó en un concurso de la televisión. Tiene
la voz tan fuerte que se separa del micrófono y se le
sigue escuchando en todo el Parque Lenin que es el
más grande del mundo. O por lo menos de América
Latina.

Un día estaba en el Parque Lenin y llegó Fidel Castro. Nos quedamos todos tiesos. Él se bajó de su carro
con todos los escoltas que todos eran del tamaño de
él y parecían un equipo de gigantes. Y nos saludó a
todos con la mano como si fuera una persona normal.
Yo esa noche no pude dormir. Y hasta me hice pipí en
la cama.

Pero mi mamá no se molesta si me hago pipí en la
cama. Tengo un amigo al que sí le pegan. Pobrecito.
Es mi mejor amigo. Se llama Alexis y yo quisiera que,
si no me gano el concurso, se lo gane él.

Esta vez les iba a hablar de mi mamá y terminé
hablando del Parque Lenin, del comandante Fidel Castro, de mi amigo Alexis y de que un día me hice pipí
en la cama.

Espero que les haya gustado esta composición. Por favor, respóndanme si están recibiendo mis cartas para no escribir por gusto.

¡Viva Cuba!

¡Viva Checoslovaquia!

¡Viva el comandante Fidel Castro!

¡Viva el camarada Gustav Húsak!

Revolucionariamente,
Camilo González

## Carta No. 3

La Habana, 22 de marzo de 1975
"Año de la Institucionalización"

Amigos de Radio Praga:

Mi nombre es Camilo González y soy un niño revolucionario cubano.

¿Qué pasa con las cartas? Como ya les conté escucho siempre sus programas en español. ¿Ustedes están recibiendo mis cartas? Porque no he recibido ninguna respuesta. Contéstenme, por favor, que en Cuba es muy difícil conseguir un sello. Cuando sacan sellos en el correo es una cola muy grande. Y mi mamá la pobre llega muy cansada del trabajo porque está todo el día de pie. Y tiene várices.

Las varices son unas venas chiquitas que salen en las piernas. No sé cómo se dice en checo. Bueno, yo no sé cómo se dice nada. Bueno, conozco la palabra Skóda, que es una marca de carro, y que significa Lástima. Que yo me pregunto y ¿por qué le pusieron a un carro de nombre Lástima? A lo mejor en checo lástima es algo bonito. Aquí en Cuba no. A mí no me gusta que me tengan lástima.

Pero no les iba a hablar de eso. Mi composición de hoy era sobre La Paz Mundial. Pero ya me tengo que ir para la escuela. Además, prefiero estar seguro de que reciben mis cartas.

Respóndanme, por favor. Espero la respuesta con ganas. ¡Acuérdense! ¡No dejen de responder!

¡Viva la amistad entre los pueblos hermanos de Checoslovaquia y Cuba!

Revolucionariamente,
Camilo González


Terminé de leer las cartas y llamé a Camilo por teléfono, emocionado:

—¿Y tú cómo coño tienes tus cartas si las enviaste a Praga?

—Un buen día las recibí devueltas por correo. Creo que al final era mentira, como todo. Ellos nunca quisieron que viajáramos.

—¿Tú crees? —pregunté con incredulidad.

—Ya yo creo cualquier cosa de esa gente.

Colgamos los teléfonos prometiéndonos que pronto nos íbamos a juntar para recordar aquellos tiempos. Me senté solo en el patio de mi casa a tratar de darle orden a la historia, y un montón de preguntas me vinieron a la cabeza: ¿Y qué pasó con mis cartas? ¿Llegaron a Praga? ¿Salieron de Cuba? ¿Será que la señora que respondió mis cartas, la tal Charka Ondricek, no era otra que mi abuela?

Ayer Camilo me escribió un mensaje escueto y fiero que decía: "Eres un falso. Nunca me llamaste para ir a comer". Y yo le pedí disculpas. Ya sabes, la vida de prisa, los compromisos, la familia... Pero me sentía en deuda con él y escribí un poema. Es para él, para mí y para muchos niños que sufrieron el *bullying* de mi tiempo.

## Los niños tristes

Destellos de vida del niño que fui
a cada rato me iluminan la memoria.

Corriendo por las calles de aquel barrio triste
a veces alegre
muy pocas
pero entonces tan alegre.

Como cuando cazaba mariposas
o cuando jugaba al trompo.

Solo.

Preferiblemente solo.
Sin esa feroz competencia de los barrios bajos.

Sin la inminencia de la pelea
del insulto
del chantaje
del ganar o perder.

Solo al fin de la mañana.
Apurando ese último pedacito de mediodía
antes de ir a la escuela.

La odiada escuela.
Con los maestros serios.
Con los amigos tristes.
Acosados por los grandes
abusadores
al amparo de la ley del *bullying* nacional.

La escuela no.
La beca menos.
Tristes enjambres de violencia y miedo.

Fajarse en el parque a las cuatro y media.
Rodeados de chicos locos como perros locos
pidiendo más sangre.

Y llegar a casa con la ropa rota
y tener otra pelea.
En desventaja.

O aquellos albergues
cárceles con libretas
donde se molestaba
torturaba
y hasta se mataba a los débiles.

Abandonados por todos.
La familia.
Los profesores.
El país.

Y nadie gritó auxilio.
No eran tiempos para débiles.

Y yo les vi llorar pero yo no sabía llorar.

Hay muchos chicos tristes
hoy hombres tristes que aún esperan
desde aquel niño
una disculpa
por aquellos días tristes
tan tristes
aunque a veces
muy pocas veces
fueran un poco alegres.

Aquellos días que a cada rato vuelven
como destellos de vida
del niño que fui.

Triste
muy triste
y a ratos alegre…

Como cuando soñaba
con llegar a Praga.

Alexis Valdés
20 de agosto de 2020
Año de la Pandemia